Thorsten Schmidt
Jürgen Korsch

Der Brocken

Natur und Geschichte erleben

Alpenmohn im Brockengarten

Auf einen Blick

Pilgerstätte für Millionen

Wie kein anderer Berg zieht der Brocken die Menschen an. Der bucklige Gipfel im Harz ist im Laufe der Zeit zur Pilgerstätte für Millionen geworden. Jährlich rund 1,3 Millionen Touristen und Einheimische besteigen die 1 141 Meter hohe, abgerundete Kuppe, die ausladend über dem Harz thront und an klaren Tagen schon aus weiter Ferne sichtbar ist.

Am markantesten erscheinen die rot-weiß gestreifte Fernsehantenne und die kantige achtstöckige Brockenherberge. Je nachdem, von wo man hinaufblickt, sind auch die Wetterstation und das Nationalparkhaus, das mit seiner halbrunden Kuppel an eine Moschee erinnert, zu sehen. Verborgen bleibt jedoch der höchste Punkt. Die etwa drei Meter hohe künstliche Gipfelklippe eröffnet sich dem Wanderer erst, wenn er den Aufstieg geschafft hat.

Brocken vom Hohnekamm aus

Von August 1961 bis Dezember 1989 war der Brocken für die meisten tabu. In der **Sperrzone der innerdeutschen Grenze** gelegen, kamen nur noch wenige ausgewählte Besucher hinauf. Erst 1990 wandelte sich das Bild auf dem Brocken wieder, als sich die Bergkuppe erneut für Besucher öffnete. Der Strom der Wanderer und Brockentouristen riss auch in den nachfolgenden Jahren nicht ab und ist bis heute nahezu gleich stark geblieben. Fast scheint es so, als müsse jeder Harzreisende mindestens einmal auch auf dem Brocken gewesen sein.

Die Faszination dieses Berges hat viele Seiten. Für Naturbegeisterte ist es vor allem die **Flora und Fauna** sowie die Gesteinswelt. Man wandert auf dem Weg zum Gipfel durch drei Vegetationszonen. Sind es unten bei Schierke, Torfhaus oder Ilsenburg noch dichte Fichten- und Buchenwälder, durch die der Wanderer den Harzer Nationalpark betritt, so wird die Vegetation nach oben hin deutlich ärmer. Man erreicht die natürliche Baumgrenze bei rund 1 000 Metern Höhe und findet auf dem Gipfel in rauher Bergwelt schließlich eine subalpine Mattenvegetation vor.

Seltene, zum Teil vom Aussterben bedrohte feine Moose und Flechten

Brockenstraße auf dem Gipfel

wachsen auf den Granitfelsen. Und wer zur rechten Zeit (meist im Mai) kommt, erlebt die Blüte der Brockenanemone, die heute wieder zu Hunderten auf dem kahlen Gipfel wächst. Wegen seiner Granite gehört der Brocken zum „Geopark Harz".

Einmalig am Brocken ist auch seine Lage, die gleichzeitig ein **ungewöhnliches Klima** bewirkt. Zwischen den flachen Küstenregionen im Norden und dem Thüringer Wald im Süden erhebt sich der Brocken als höchster Berg. Seinen Gipfel umwehen rauhe Winde, die Temperaturen dort oben liegen oftmals um fünf bis zehn Grad unter denen im Tal.

Das Klima insgesamt lässt sich mit dem der Insel Island vergleichen. Schnee fällt oft schon im September und dann meist bis in den April hinein. Der Sommer gibt nur ein kurzes Gastspiel. Meterhohe Schneeverwehungen oder mit Eiskristallen überzuckerte Gebäude sind keine Seltenheit. An rund 300 Tagen im Jahr ist der Gipfel zeitweise von Wolken eingehüllt – Nebel wallen. Klart es danach auf und die Luft ist rein, besticht der Berggipfel mit atemberaubenden Weitblicken.

In der Geschichtsschreibung nimmt der Brocken ebenfalls einen besonderen Platz ein. Für viele ist er „Der **Berg der Deutschen**". Die Harzer, die jahrelang links und rechts von ihm gewohnt haben und nur sehnsuchtsvoll zum „Vater Brocken" hinaufschauen konnten, interpretieren den Berg als Symbol der Freiheit. Am 3. Oktober und am 3. Dezember jeden Jahres treffen sich auf dem Berg Wanderer aus Ost und West

– dann wird der Geist der Wiedervereinigung spürbar und lebendig.

Nicht zuletzt weckt die **Mystik** um Hexen- und Teufelskult die Neugierde. Zwar gestaltet sich heute die Walpurgisnacht auf dem Brocken, von Goethe im Faust einst als lüsterne Orgie beschrieben, zum touristischen Massenspektakel, das in vielen Orten unterhalb des Berges stattfindet, aber sie bleibt geheimnisumwittert.

Zahlreiche **Dichter** haben den Brocken erwandert und beschrieben, viele Maler haben ihn gemalt. Und schließlich nutzen ihn Politiker aller Couleur heute als Plattform. Aber auch der einfache Wanderer findet hier immer noch einen ruhigen Platz zum Rasten. Der Brocken mit seinen 1 141 Metern ist im Vergleich zu den Alpen oder anderen Bergen eigentlich nicht sonderlich hoch – doch er ist ein faszinierendes Stück Erde.

Adressen und Tipps

Brockenhaus *www.nationalpark-brockenhaus.de*
Auf dem Brocken, Tel. (03 94 55) 50 00 5
Öffnungszeiten: täglich 9.30 bis 17 Uhr

Brockengarten *www.nationalpark-harz.de*
Auf dem Brocken, Tel. (0 39 43) 55 0 22 0 oder (01 70) 5 70 90 15
nur mit Führung: Mo bis Fr 11.30 und 14 Uhr, Sa/So nur in Kombination mit der
Rangerführung um den Brocken (siehe unten), Treffpunkt Eingang Wetterwarte

Angebote Nationalpark Harz *www.nationalpark-harz.de*
Führung: „Mit dem Ranger einmal um die Brockenkuppe"
täglich 12.30 Uhr, Treffpunkt: Eingang Brockenhaus
Urwaldstieg: Abstecher von der Brockenstraße in den Brockenurwald
Märchenpfad „Das weiße Reh": anspruchsvolle (!) Wanderung für Kinder mit Stationen von Schierke durchs Eckerloch zum Brockenhaus (siehe Wanderung „Kurz und knackig"). Der Flyer zum Weg ist im Nationalparkhaus Schierke und im Brockenhaus erhältlich und ermöglicht Kindern den kostenlosen Zutritt zum Brockenhaus. Achtung: Die Stationen werden im Winter abgebaut.

Harzer Schmalspurbahnen GmbH *www.hsb-wr.de*
Friedrichstraße 151, Tel. (0 39 43) 5 58-0
Traditionszug zum Brocken: Mi und Sa zu ausgewählten Terminen, rechtzeitig buchen
Thematische Sonderzüge: zum Beispiel Sonnenuntergangszug, Zug mit Brunch zu Ostern, Weihnachten und Neujahr

Brockenhotel *www.brockenhotel.de*
Auf dem Brocken, Tel. (03 94 55) 1 20
hohe Nachfrage (Anmeldung empfehlenswert), Reisende mit Hunden/Tieren dürfen nur spezielle Zimmer beziehen (nur auf Anfrage)

Kutschfahrten und Segway-Touren
Kutschen: täglich 10 Uhr vom Parkplatz „Am Thälchen" in Schierke, Anbieter:
• Bauer Lindes Planwagen, Tel. (0 39 43) 63 25 66, *www.bauer-lindes-planwagen.de*
• Reiterhof Wernigerode, Tel. (0 39 43) 2 41 44, *www.reiterhof-wernigerode.de*
• Pony Express Harz, Tel. (01 74) 4 22 39 11, *www.ponyexpressharz.de*
• Harz Erlebnisse Frank Linde, Tel. (01 71) 6 52 22 74, *harz-erlebnisse.de*
Segway-Touren: Start am „Kiosk am Brocken" in Schierke, Brockenstraße 45 c,
Tel. (01 60) 95 72 57 92, *www.brocken-express.de*

Angebote Brockenüberflüge
Ballonfahrt: z. B. von Wernigerode, Tel. (01 76) 43 05 70 95, *brockenballon.de*
Hubschrauber: von Wernigerode, Tel. (0 39 43) 92 27 20, *www.harz-helicopter.de*
Gyrokopter: vom Flugplatz Hoym/Ballenstedt, Tel. (0 39 43) 63 25 66,
www.brockenflieger.de

Brockenlauf und Brockenmarathon (Harzgebirgslauf)
Brockenlauf von Ilsenburg (26,2 km) im September, *www.brockenlauf.de*
Brockenmarathon von Wernigerode (42,2 km) im Oktober, *www.harz-gebirgslauf.de*

Blick von der
Teufelskanzel zum Wurmberg

Ursprünge und
wilde Natur

Brockenurwald

Entstehungsgeschichte

Das Brockenmassiv

Vor 360 Millionen Jahren bestand zwischen dem heutigen skandinavischen und dem sächsisch-böhmischen Festland ein Ozean. In diese, von Salzwasser geflutete Bodensenke gelangten mit den Bächen und Flüssen des Festlands Schutt und Geröll und lagerten sich auf dem Meeresgrund ab.

Im Verlauf von Millionen Jahren wuchs auf diese Weise eine viele tausend Meter mächtige Ablagerungsschicht heran. Mit ihrem enormen Gewicht übte sie einen beständig steigenden Druck auf die Erdkruste aus. Schließlich gab diese nach, woran ebenso die starken Bewegungen der Kontinentalplatten Schuld waren.

Teufelskanzel und Hexenaltar

Große Teile der Gesteinsablagerungen rutschten ins Erdinnere hinab und gelangten bis zu 15 000 Meter tief in einen Bereich, wo sich die Erde mit etwa neunhundert Grad Celsius noch heute wenig einladend gibt. Diese ungeheure Hitze schmolz sehr bald das eingedrungene harte und schroffe Gestein zu einer zähen, willfährigen Masse. Langsam bewegte sich das Magma nach oben, bis es knapp unter der Erdoberfläche abkühlte und aushärtete. Der Abkühlungsprozess dauerte etwa zehn Millionen Jahre.

Die über der zuerst geschmolzenen und dann wieder erkalteten Magmamasse liegende, relativ dünne Erdkruste (nur 2 000 Meter stark!) verhärtete sich zu einer widerstandsfähigen Hornfelsschicht. Diese schützte nun das darunter entstandene Gebirge, das sich durch den vorangegangenen Schmelzprozess aus Granit gebildet hatte. Die Härte und Widerstandskraft, die man ihm weithin nachsagt, besitzt Granit nämlich nicht. Hauptsächlich aus Feldspat, Quarz und Glimmer bestehend, ist er beispielsweise bei ständiger Wassereinwirkung leicht abtragbar.

Nach und nach brach das schützende Hornfelsdach auf. Vor 40 Millionen Jahren war dann auch das Tiefengestein Granit freigelegt. In der verbleibenden Zeit gaben Wind und Wetter dem Brockengebirge den letzten Schliff, bis alles endlich so aussah, wie wir es heute bewundern.

Der Name

Im Laufe der Jahre und Jahrhunderte sind viele Varianten über die Namensherkunft „Brocken" entstanden, die bis heute von den unterschiedlichen Autoren auch meist unterschiedlich interpretiert werden.

So schreibt Eduard Jacobs, Gräflicher Bibliothekar in Wernigerode, dass bereits im 15. Jahrhundert die Bezeichnungen **Broken** und **Brockenberg** auftauchen. Die zweite Nachricht stammt aus Erfurt, wo 1456 in lateinischer Sprache die Schrift „De origine Saxorum" veröffentlicht wurde. Darin sei von einem nahe bei Wernigerode gelegenen **Montes Brockensberg** die Rede, der eine Quelle auf seinem Gipfel habe.

Urkundlich erwähnt wird der 1 141 Meter hohe Koloss zum ersten Mal in einem Brief aus dem Jahre 1490. Sein Verfasser, Graf Heinrich zu Stol-

berg-Wernigerode, schreibt hier von „de gantze **Brackenberg**". Davon lässt sich bereits die nächste Variante zur Entstehung des Namens Brocken ableiten, denn als Bracken bezeichnete man seinerzeit „abgestandene, zu Nutzholz untaugende Bäume, wie sie, von Sturm und Wetter übereinandergeworfen, auf dem früher kaum erreichbaren Gipfel in solchen Mengen lagerten, dass Augenzeugen um die Mitte des 17. Jahrhunderts diese Erscheinung besonders hervorhoben" (Jacobs).

Dr. Georg von Gynz-Rekowski erklärt diese Variante in seinem 1991 erschienenen Buch „Brocken" ähnlich. Er verwendet für Bracken das Synonym Wrack, was für „abgestandenes, zur Nutzung untaugliches Holz" stehe. Daraus jedoch den Beweis für eine Verbindung zum Brocken abzuleiten, fällt dem Histori-

Geologische Übersichtskarte des Harzes

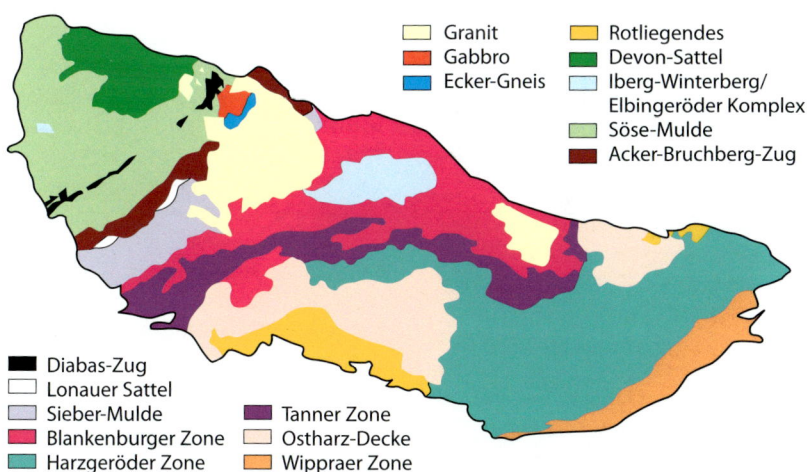

Granit
Gabbro
Ecker-Gneis
Rotliegendes
Devon-Sattel
Iberg-Winterberg/
Elbingeröder Komplex
Söse-Mulde
Acker-Bruchberg-Zug

Diabas-Zug
Lonauer Sattel
Sieber-Mulde
Blankenburger Zone
Harzgeröder Zone
Tanner Zone
Ostharz-Decke
Wippraer Zone

„Perspectivische Vorstellung des berühmten Blocken oder Blokenbergs"
kolorierter Kupferstich von Ludwig S. Bestehorn (1732/1749)

ker schwer: „Sollten damit die unter dem Brockengipfel abgestorbenen, zu Krüppelfichten verkümmerten Bäume gemeint sein?"

Die deutsche Sprache enthielt im Mittelalter manche Bezeichnungen, die inzwischen nicht mal mehr bekannt sind, geschweige denn ge-

braucht werden. Lediglich in überlieferten Eigennamen kommt heute noch das für Moor stehende Wort Bruch vor. Da der Brocken seit Jahrhunderten zahlreiche Brüche (also Moore) besitzt, könnte der heutige Name daher stammen – zumal früher auch die Schreibweisen **Bruoch** und **Brok** üblich waren. Brocken könnte aber genauso gut im Sinne von Brechen verstanden werden, der „aufgebrochene Berg" also. Schließlich umgeben Felsbrocken (Reste der Hornfelsschicht) die frei liegende Granitkuppe. Lateinische Schriften des 15. und 16. Jahrhunderts sollen sogar die Bezeichnung mons ruptus für den Brocken enthalten.

In der von Menschen aufgezeichneten Geschichte erscheinen Schreibweisen wie Broken, Brockenberg, Brocberg, Brockenberch sowie Brochelsberg. Man nennt ihn Bloicksberg, Blokkesberg und Bloks-Berg.

> Der Name **Blocksberg** – ursprünglich in Sagen und Märchen die Bezeichnung besonders geheimnisumwitterter Gipfel als Treffpunkt für allerhand Unholde – wird dem rauhen Gesellen zum Pseudonym. Vor allem in der Literatur bedient man sich vornehmlich dieses Namens und meint damit nicht die anderen, früher ebenso bekannten Blocksberge in Deutschland, wie den Kandel im Schwarzwald und den Hörselberg im Thüringer Wald.

Natur im Urzustand

Auf dem Brocken sei kein Vogellaut zu hören. Diese Behauptung kann man in der Brockenliteratur hin und wieder lesen. Aber sie ist falsch. Freilich bietet die unwirtliche Brockenkuppe für Warmblüter und andere anspruchsvolle Lebewesen keine idealen Bedingungen, doch so mörderisch, dass sich hierher kein gefiederter Flieger verirren würde, gibt sich Vater Brocken nun auch wieder nicht.

Tierwelt

Im späten Frühjahr und im Sommer können aufmerksame Beobachter mit viel Geduld und etwas Glück eine Vogelart ganz bestimmt hören und vielleicht auch sehen: die ***Ringdrossel***. Im engeren Gebiet rings um das Brockenplateau hat eine kleine Population des seltenen Vogels überlebt. Zum Teil brüten die Tiere sogar unmittelbar auf der Brockenkuppe. Außerdem existiert ein kleiner Bestand am Wurmberg und bei Torfhaus.

Glücklich sind die Ornithologen inzwischen auch über Brutpaare des ***Wiesenpiepers*** auf der Brockenkuppe. Etwas häufiger ist der Singvogel, den man hier Brockenlerche nennt, unterhalb des Gipfels zu beobachten. Auch Gebirgs- und Bachstelze, Tannenhäher oder kleine Eulenarten lassen sich zuweilen blicken.

Zu dem, was direkt auf der Kuppe so kreucht und fleucht, gehören ansonsten vor allem verschiedene ***Libellenarten*** und ***Heuschrecken***. Die meisten auf dem Gipfel vorkommenden Tierarten erhielten von den Zoologen den Stempel „arktisch-alpin". In den 1990er Jahren versuchte man im Brockengebiet das ***Auerhuhn*** auszuwildern. In Lonau hatte man bereits 1978 damit begonnen, Auerhühner zu züchten und auf ihr Leben in der Wildnis vorzubereiten. Nach der Wende wurde dieses Projekt auf das Brockengebiet ausgedehnt. Hier waren die Tiere einige Zeit die Attraktion auf der Brockenstraße, wo sie sich den Wanderern dicht näherten und um Futter bettelten. Trotz jahrelanger intensiver Bemühungen ist es nicht gelungen, eine stabile Population zu bilden. Das Auswilderungsprojekt Auerhuhn wurde deshalb bald nach der Jahrtausendwende beendet. Bei Lonau aber kann man in einem großen Gehege heute noch Auerhühner bestaunen.

Alpenringdrossel

Eine kleine Kostprobe von naturbelassenem Reitgras-Fichtenwald erhält der asphaltmüde Wanderer auf dem 200 Meter kurzen *Urwaldstieg* nahe dem Eisernen Handweiser. Seit Dezember 2005 kann man von einem Bohlenweg aus die Entwicklungsstadien der Bergfichten bestaunen und mithilfe einfühlsamer Epigramme des Harzer Schriftstellers Bernd Wolff über Werden und Vergehen nachsinnen.

Da natürliche Feinde fehlen, musste der Bestand an **Reh- und Rotwild** in den vergangenen Jahren durch Jagden auf ein verträgliches Maß reduziert werden. Dies geschieht nur an wenigen Tagen im Jahr, damit die Tiere nicht zu lange beunruhigt werden. Es gelten auch strenge Richtlinien zur Abschussfreigabe. So dürfen beispielsweise nur junge und kranke sowie fast nur weibliche Hirsche geschossen werden.

Seit 2010 steigen jedoch die Abschusszahlen erheblich an und statistische Erhebungen 2015/16 beweisen, dass sich mittlerweile auch im Nationalpark die Rotwildstrecken kaum von denen in traditionell bewirtschafteten Jagdgebieten unterscheiden: Männliche und weibliche Rothirsche halten sich die Waage und häufig finden sich kapitale Geweihträger (Trophäen) darunter.

Die Funktion der Bestandsregulierung hat in den dichten Wäldern des Nationalparks zu einem kleinen Teil wieder der **Nordluchs** übernommen. In einem Auswilderungsprogramm sind in der Zeit von 2000 bis 2005 bereits 22 Luchse in die freie

Ausgewilderte Luchse

Natur entlassen worden. Seit 2002 wurden in jedem Sommer frei geborene Jungluchse in den Harzer Wäldern beobachtet. Allerdings starben bis 2005 mindestens acht Luchse. Unter anderem um diese Verluste auszugleichen, wurden 2006 zwei weitere Luchsdamen ausgewildert.

Nun gehen die Forscher davon aus, dass sich der Bestand allein weiter entwickelt. Zwar gab es jedes Jahr weitere Todesfälle – allein vier Luchse wurden 2008 von Autos oder Zügen überfahren – doch konnten andererseits bis 2011 mehr als 90 in der Wildnis geborene Jungtiere nachgewiesen werden. Inzwischen breitet sich der Nordluchs vom Harz weiter in andere Regionen aus. So sind bereits Populationen mit Nachkommen im Kaufunger Wald (Hessen) und im Hils (Südniedersachsen) nachgewiesen.

Da den im Verborgenen lebenden Luchs kaum jemand zu Gesicht bekommt, wurde an den Rabenklippen bei Bad Harzburg ein Luchsschaugehege eingerichtet. Hier können die beiden 2005 geborenen Luchse Pamina und Tamino beobachtet werden, wie sie auf Bäume klettern oder durch ihr Revier streichen. In einem zweiten Gehegeteil leben Paul, Ellen und Alice, die alle 2013 zur Welt kamen.

Auch die **Wildkatze** lebt am unteren Rand des Brocken und in der näheren Umgebung, wie beispielsweise auf dem Renneckenberg. Der Bestand kann aufgrund der heimlichen Lebensweise der Tiere schwer ermittelt werden, gilt aber deutschlandweit als der stabilste und wird

> Eine Attraktion an den Rabenklippen sind die **öffentlichen Luchsfütterungen** mittwochs und samstags 14.30 Uhr. Änderungen sind möglich; aktuelle Informationen unter:
> *www.luchsprojekt-harz.de*

auf etwa 400 Exemplare im ganzen Harz geschätzt.

Dagegen gibt es **Bären und Wölfe** in den Brocken-Wäldern nicht mehr. Sie sind schon vor langer Zeit im Harz ausgerottet worden. Braunbären waren noch im 16. Jahrhundert im weiteren Brockengebiet häufig anzutreffen und beliebte Jagdbeute feudaler Obrigkeit. Als begehrteste Trophäe galt der wertvolle Pelz, der sich zu prunkvollen Mänteln verarbeiten ließ.

Meister Petz ging es zuerst an den Kragen. 1705 soll der letzte seiner Art am Brocken erlegt worden sein. Der letzte Wolf des Brocken starb 1798 als gräfliches Jagdopfer, und der vorläufig letzte Luchs wurde 1817 bei Wernigerode erlegt.

Da sich der Wolf seit etlichen Jahren von Osten her Deutschland als Lebensraum zurückholt, gehen Experten heute davon aus, dass sich bald auch im Nationalpark Harz wieder eine Population aufbauen wird. Am 3. Februar 2016 löste bei Meisdorf im Ostharz ein Wolfsrüde eine Fotofalle aus. Möglicherweise hat die Rückkehr bereits begonnen. Zu den sogenannten Raubtieren des Brockengebietes zählen heute noch der **Dachs** und verschiedene **Marderarten**.

Pflanzenwelt

Zu den großen Besonderheiten in der Pflanzenwelt des Brocken gehören zweifelsohne die *bodenständigen Fichten*, eine durch extreme Witterungseinflüsse entstandene Spezies dieser bekannten Baumart, die sich erstaunlich originell auf die schwierigen Bedingungen eingestellt hat. Diese Spezial-Fichten sind wesentlich schlanker gebaut und mit relativ steil herabhängenden Ästen versehen, auf denen der Schnee kaum Halt findet. Somit kann das sonst schnell anwachsende Eisgewicht die Äste nicht vom Stamm reißen. Schneebruch ist auf ein verträgliches Minimum reduziert.

In etwas tieferen Lagen finden sich außerdem *Eberesche, Birke* und – gleichsam als Besonderheit – die *Karpatenbirke*, eine Subspezies der Moorbirke. Noch weiter unterhalb des Brockengipfels, ab 800 Metern abwärts, trifft der wachsame Bota-

Wissenschaftler der Universität Göttingen wiesen auf der Grundlage eigener und weltweiter Langzeitstudien Anfang 2012 nach, was längst vermutet wurde: Die *Baumgrenze* unterhalb der Brockenkuppe ist nicht wie vielerorts sonst von Menschen verursacht, sondern klimatisch bedingt und damit natürlichen Ursprungs.

niker noch auf *Bergahorn, Zitterpappel* und verschiedene *Weidenarten* sowie unterhalb 500 Metern auf die *Eiche*.

In der Kernzone des Nationalparks, ein streng geschütztes Reservat um Königsberg, Kleinem Brocken und Heinrichshöhe, offenbart sich das Brockengebirge noch weitestgehend in seiner für viele Menschen unheimlichen Urwüchsigkeit. Das Betreten dieser Gebiete ist strengstens verboten. Hier richtet nämlich schon der ganz vorsichtige Wanderer allein durch sein Körpergewicht enormen Schaden an. So gelten beispielsweise die mit einem dünnen Moosteppich überzogenen granitenen Blockhalden, auf denen außerdem Flechten, Heidekraut sowie Blau- und Preißelbeersträucher gedeihen, als besonders trittempfindlich. Viele dieser Moose und Flechten sind akut vom Aussterben bedroht; einige von ihnen findet man an keinem anderen Flecken Deutschlands wieder. Ebenfalls nicht trittfest ist der Übergang vom Moor zum Fichtenholzbestand. Hier würden die Torfmoose zerstört werden.

Malerische Flechten

Urwald in der Nationalpark-Kernzone

Hochmoore

Die ältesten Brockenmoore, wie beispielsweise das zwischen Heinrichshöhe und Brocken, begannen vor etwa 8 000 bis 10 000 Jahren langsam zu entstehen. Die Eiszeit war gerade zu Ende gegangen und hatte eine baumlose karge Tundra hinterlassen, in der sich vorerst lediglich anspruchslose, niedere Pflanzen behaupten konnten. Sowohl größere Niederschlagsmengen als auch die zusätzlichen Wasser des tauenden Eispanzerrestes auf dem Brocken begünstigten die Entstehung der sagenumwobenen Moore.

Besonders an Hängen und Senken bildeten sich bereits nach wenigen (meist drei oder vier) Jahren die ersten Torfmoose, die übrigens ein ganz merkwürdiges Wachstumsschema vorweisen. Ähnlich wie im Tierreich bei den Korallen stirbt hier der untere Teil der Pflanze kontinuierlich ab, während der obere stetig nachwächst. Dabei ist das Moospflänzchen von der sonst lebensnotwendigen Erde mit ihren Nährstoffen völlig unabhängig, lebt nur vom Regenwasser. Niederschlagsmengen von 800 bis 1000 ml pro Jahr sind deshalb für das prächtige Gedeihen des Torfmooses unabdingbar. Durch das stetige Von-unten-nach-oben-Wachsen der Moose entsteht über hunderte und tausende Jahre hinweg eine Torfschicht aus totem Moos.

Brockenmoor oberhalb der Heinrichshöhe (Kernzone des Nationalparks)

Zur Zeit wachsen die Moore am Brocken nicht. Selbst in dieser regenreichen Gegend ist es während der zurückliegenden Jahre für ein prächtiges Gedeihen von Torfmoosen zu trocken gewesen. Und wenn es regnete, war meist der Stickstoffgehalt des Regenwassers zu hoch. Dies bekommt zwar den Gräsern gut, stört aber die Moose.

Allein durch den stickstoffübersättigten Regen der jüngeren Vergangenheit hat sich im Brockenurwald einiges gewaltsam verändert. Ein Beispiel ist die Entstehung des sogenannten Reitgras-Fichtenwaldes, einem Mischgebilde aus wucherndem Gras und sterbendem Wald. Der überhöhte Stickstoffgehalt von Regen und Luft führte zur Versauerung des Waldbodens, wodurch die Fichten ihre Nadeln fallen ließen. Dadurch drang ungewöhnlich fiel Licht auf den Boden, das die dortigen Pflanzen, insbesondere die resistenten Gräser, zu besonders munterer Photosynthese anregte.

Brockentorf als Brennstoff

Holz ist kostbar. Zum einen, weil es sich vorzüglich zu unzähligen Dingen verwerten lässt, zum anderen, weil die Holzressourcen weltweit zusammenschmelzen. Der Raubbau an den Wäldern im Harz begann schon sehr zeitig. Vor allem der im Mittelalter vielerorts aufblühende Eisenerzbergbau sorgte innerhalb weniger Jahrzehnte für riesige Kahlschläge in den Baumbeständen rings um den Brocken. Die Bergleute benötigten jede Menge „Grubenholz" und später in den Schächten viel Holz

Die irreführende **Bezeichnung „Hochmoor"** hat nichts mit der topographischen Höhe des Moores über Normalnull, sondern mit dessen Mächtigkeit zu tun. Obgleich Hochmoore in Gebirgen besonders häufig vorkommen, findet man sie durchaus auch im Tiefland, wie beispielsweise im schwäbischen Wurzacher Ried. Im Gegensatz zu Hochmooren entstehen Niedermoore durch Feuchtigkeit, die von der Erdoberfläche ins Innere eindringt und dabei den Boden aufweicht, also morastig macht.

als „Sprengstoff". Denn bevor das Pulver erfunden wurde, sprengten die Bergleute mit natürlichen Mitteln. Sie erhitzten durch Feuer die Wände, von denen schließlich wegen der temperaturbedingten körperlichen Ausdehnung des Stoffes Fels mehr oder minder große Teile abplatzten. Eine aufwendige und mühevolle Arbeit, bei der vermutlich weit mehr Holz verbrannt als Erz gewonnen wurde.

Auch bei der Weiterverarbeitung in der sich rasch entwickelnden Hüttenindustrie brauchte man Unmengen Holz und später Holzkohle für die Feuer zum Schmelzen. Andere Brennstoffe blieben den Harzern jahrhundertelang verschlossen. Steinkohle gab es nicht, und durch das völlig unterentwickelte Verkehrsnetz gelangten keine Brennmaterialien von auswärts hierher.

Zwar merkten auch unsere Vorfahren bald, dass sie sich diesen eskalierenden Holzraubbau nicht ewig würden leisten können, doch eine Alternative hatte niemand parat. Außer: Sparsamer Umgang mit Holz in der Köhlerei. Schon damals erkannte man, dass dafür ein gutes Management notwendig war. So ermahnte beispielsweise die 1753 in Leipzig erschienene „Generale Haushalts-Principia", dass „die Köhler zu geringen Lohnes oder auch Geitzes und Bosheit halber unaufmerksam" seien, weshalb das Meiler-Feuer „Jäget, id est zu stark geht".

Im ausgehenden Mittelalter entstand dann die Idee, die ungeheuren Torfvorkommen rings um den Brocken als Brennstoff zu gewinnen. Herzog Julius von Braunschweig schickte 1571 eine Expertengruppe in den Harz. Deren Mitglieder sollten untersuchen, ob es sich denn lohne, im Roten Bruch am Brocken, zwischen Königsberg und Achtermannshöhe, Torf zu stechen. Das Ergebnis fiel wenig zufriedenstellend aus: Der Torf wäre zwar hinsichtlich seiner Heizeigenschaften „abbauwürdig", doch das gesamte Unterfangen wegen des aufwendigen Abtransports viel zu teuer geworden.

Da eine Forstbewirtschaftung im heutigen Sinne unbekannt war, schrumpften die Waldbestände im Harz immer weiter. Anfang des 18. Jahrhunderts stand der Kollaps kurz bevor und so gab es keinen anderen Ausweg mehr, als Torf zu stechen – koste es, was es wolle! An der Stelle des heutigen Torfhauses entstand der „Borkenkrug", der in der geschichtlichen Überlieferung erstmals 1713 erwähnt wird. Zwei Jahre später weihte man gleich neben dem Borkenkrug den ersten Torfschuppen des Harzes ein. Er war

Mauerreste des Wirtshauses auf der Heinrichshöhe

mit 100 Fuß Länge und 36 Fuß Breite ein beachtliches Bauwerk.

Um die Torfgewinnung und damit um die Waldschonung hat sich im 18. Jahrhundert auch Graf Christian Ernst zu Stolberg-Wernigerode verdient gemacht. Er ließ unter anderem an Ahrensklint und Königsberg seinen Bergrat Jacob Bierbauer versuchsweise Torf stechen. Da sich die Ausbeute durchaus sehen lassen konnte, entschloss sich der Graf, die Torfgewinnung in größerem Stile zu betreiben. Bis zum Ende des 18. Jahrhunderts errichtete Seine Erlaucht nachweislich fünf große Torfwerke rings um den Brocken, wahrscheinlich noch einige mehr.

Aufwendige und teure Anlagen waren erforderlich, weil der Torf im Harz wegen des rauhen und feuchten Klimas nicht im Freien trocknete. Ein Jahr lang hingen die Torfstücke, vor Regen und Schnee geschützt, in großen Trocknungsanlagen mit natürlicher Belüftung (Schlitzen in den Wänden), bevor sie endlich in der

Köhlerei weiterverarbeitet werden konnten. Der äußerst faserige Torf zeigte gänzlich andere Eigenschaften als Holz: Er zerfiel im gewöhnlichen Meilerfeuer zum größten Teil zu Asche, anstatt sich in Kohle zu verwandeln, da das abschließende Löschen selten glückte.

Mitte des 18. Jahrhunderts gelang es dem gräflichen Forstbeamten **Hans Dietrich von Zanthier**, Torf in einem in Ilsenburg gefertigten eisernen Spezialofen effektiv zu verkohlen. Nach dieser Erfindung boomte dann endlich die Torfköhlerei, sodass bald darauf im ganzen Harz etwa 40 solcher Öfen betrieben wurden. Über 20 Jahre lang arbeitete man auf diese Weise, bis die Ära der Torfverkohlung aus Kostengründen 1786 endete.

Die Torfhaus-Siedlung

Mit 812 Metern über NN gilt Torfhaus heute als höchstgelegene menschliche Siedlung des Harzes: Die erste kleine Hütte, die als notdürftiger Unterschlupf den wenigen Torfstechern diente, wurde 1573 errichtet. Im 30-jährigen Krieg brannte sie jedoch völlig nieder. Einen Nachfolger fand die Hütte erst 1713 im „Borkenkrug". Durch das Aufblühen der Torfstecherei bürgerte sich allmählich der bis heute bestehende Name „Torfhaus" ein. Nach der Ära der Torfstecherei wandelte sich das Torfhaus zwischen Braunlage und Harzburg zum Forst- und Gasthaus.

Völlig neue, ungeahnte Bedeutung erhielt der Flecken Jahrzehnte später. Als nämlich am 1. September 1842 eine Postkutschen-Verbindung quer über den Harz von Harzburg nach Nordhausen eingerichtet wurde, erkor man Torfhaus zur Station dieser Linie aus. Immerhin hatten die Pferde, wenn sie hier eintrafen, ein gewaltiges Stück Arbeit absolviert, brauchten Futter und Ruhe zum Kräftesammeln.

1910 entstand am Torfhaus das erste, zehn Jahre später das zweite Hotel. Vereine und Organisationen bauten Heime, dazu gesellten sich private Wohnhäuser. Nach dem Zweiten Weltkrieg – fast alle Häuser wurden im April 1945 zerstört – kam der Wiederaufbau nur langsam in Gang. Der Berliner Mauerbau 1961 sorgte schließlich dafür, dass sich Torfhaus mit einem Großparkplatz und Antennenanlagen in der Folgezeit zum Brocken-Ersatz für die Westdeutschen entwickelte.

Im ehemaligen Polizeigebäude Torfhaus unterhielt der Nationalpark Harz Mitte der 1990er Jahre bis Mai 2009 eine Besucher-Information, die dann in einen Neubau auf der anderen Straßenseite umzog. Bei freiem Eintritt können hier Jung und Alt an interaktiven Exponaten erfahren, wie sich Wildnis anfühlt oder was der Wolf mit dem Grünen Band zu tun hat. Im Nationalpark-Erlebniskino stimmt man sich auf spannende Wanderungen ein. Kinder können Boris Borkenkäfer in seiner Baumhöhle besuchen und in der Forscherecke selbst experimentieren.

Neben dem TorfHaus entstand eine Großgaststätte im Hüttenstil und nach dem Abriss einiger historischer Häuser bis Juli 2013 eine moderne Hotel-Ferienhaus-Anlage mit großem Welcome-Center.

Brockenhotel und Fernsehsender

► # Unbändige Bau-
und Reiselust

An der Gipfelklippe

Brockenherbergen

Für ganze 17 Taler konnte man zu Beginn des 18. Jahrhunderts noch ein Haus bauen. Nun gut, ein Häuschen, das "Wolkenhäuschen". Graf Christian Ernst zu Stolberg-Wernigerode entschloss sich als junger Mann 1736 dazu, den Wanderern auf seinem Brocken eine kleine Unterkunft zu bieten. Erstmals waren die wagemutigen Reisenden vor peitschendem Sturm und Regen oder Schneetreiben geschützt und konnten ihre müden Glieder auf harten Holzbänken ausstrecken.

"Wolkenhäuschen"

Freilich, für 17 Taler entstand hier noch nicht das erste Brockenhotel, aber ein einfacher Steinbau aus dem direkt auf dem Gipfel in genügender Menge vorhandenen Granit. Die beim Mauern der unförmigen Steine entstandenen Ritzen in den Wänden wurden kurzerhand mit Moos gestopft. Den kleinen Raum mit einer quadratischen Grundfläche schloss nach oben hin ein hölzernes Spitzdach mit vier gleichen, dreieckigen Seiten ab. Zur Ausstattung im 18. Jahrhundert gehörte neben einer dicken Holztür auch ein Herd.

Seinen romantischen Namen verdankt das simple Bauwerk dem Umstand, dass es wegen der besonderen klimatischen Bedingungen auf dem Brocken sehr oft in Dunst und Nebel gehüllt ist. Der Wernigeröder Christian Friedrich Schroeder schlug in seinen "Abhandlungen vom Brocken" 1785 seiner geneigten Leserschaft aus genannten Gründen für die bis dahin namenlose Unterkunft "Wolkenhäuschen" vor, was sich sehr schnell durchsetzte.

Das "Wolkenhäuschen" hat die Jahrhunderte standhaft überdauert und strotzt heute am Fuße des alten Fernsehsenders den mächtigen Bauten ringsum. Schutz vor Sturm und Regen oder Schnee bietet es immer noch. Gelegentlich finden sich hier im Winter sogar Alpinisten ein, die mit Übernachtungen im Schlafsack für ihre nächste Hochgebirgsexpedition trainieren.

Altertümliches Wolkenhäuschen

Herberge auf der Heinrichshöhe

Das erste „richtige" Brockenhaus entstand kurze Zeit später – allerdings auf der Heinrichshöhe. Der Grund für dieses Kuriosum war rein ökonomischer Natur, denn für den sacht aufkommenden Brockentourismus lohnte es sich noch nicht, eine größere Gastwirtschaft auf dem unwirtlichen Berg zu bauen.

Graf Christian Ernst versuchte indes, die Torfstecherei zu einem bedeutenden Wirtschaftszweig zu entwickeln. In den 1730er Jahren waren einige Tests bereits recht vielversprechend verlaufen, sodass am 11. August 1744 gräfliche Arbeiter in nur eineinhalb Stunden das Wasser des Brockenteichs nordwestlich der Heinrichshöhe abließen und die Grundrisse einiger Torfhäuser auf jenem nach Erbgraf Henrich Ernst benannten Berg markierten. Vater Graf Christian Ernst ließ daraufhin auch zwei steinerne Gebäude errichten: eine größere Unterkunft für die Torfgräber und ein kleines Jagdhaus für sich und seine Familie.

In diesem „Brockenhaus" auf der Heinrichshöhe befand sich auch eine kleine Gastwirtschaft, in der alle gemeinsam aßen und tranken. Ställe für Hühner, Kühe und bis zu zehn Pferde schlossen sich an. Immer häufiger wurde es in der Hütte jedoch so eng, dass spät eintreffende Wanderer sogar Teile des gräflichen Jagdhauses nutzen durften, sofern sich gerade kein Mitglied der adligen Familie dort aufhielt. Weil im Winter kein Torf gestochen werden konnte und sich zu dieser Jahreszeit auch kein Wanderer in diese noch rela-

Als die Reiselust zum Brocken immer mehr zunahm, legte der Wirt ein Gästebuch aus, in dem von 1753 bis 1790 insgesamt 7011 Einträge belegt sind. Die Zahl der Gäste in diesem Zeitraum ist freilich deutlich höher anzusetzen, da nicht jeder der Nachwelt schriftlich von seinem Aufenthalt Zeugnis abgelegt hat und außerdem auch bekannt ist, dass der Wirt zwischen 1771 und 1773 das Gästebuch unter Verschluss gehalten hat.

tiv unerschlossene Gegend wagte, blieb das Brockenhaus auf der Heinrichshöhe von Herbst bis Frühjahr geschlossen.

1798 wies Graf Christian Friedrich an, im Jahr darauf nach eigenen Plänen eine Herberge direkt auf dem Brocken zu errichten. 1799 brannte das alte Jagdhaus auf der Heinrichshöhe ab.

Brockenhaus mit Aussichtsturm

1799 entstand das neue Haus, wie geplant, auf dem Brocken selbst, direkt neben dem „Wolkenhäuschen". Christian Friedrich musste hierfür allerdings schon etwas tiefer in die Tasche greifen als Christian Ernst noch 1736. Für die stattliche Summe von 12 000 Talern ließ er ein großzügig angelegtes Haus bauen, in das ein zehn Meter hoher steinerner Aussichtsturm integriert war.

Vom Hausinneren gelangte man in den einem Bergfried ähnlichen Turm und über 28 Stufen hinauf

„Das Brockenhaus", kolorierter Kupferstich von J. Koch (1800)

in die Aussichtskanzel. Außerdem kamen in den Mauern des neuen Gebäudes ein Saal, zwei große und sieben kleinere Gästezimmer, ein Wohnzimmer für den Wirt und eines für die Kellner sowie eine Küche unter. Auch gab es hier oben einen Pferde- und einen Kuhstall. Die Rinderhaltung brachte den unschätzbaren Vorteil, täglich frische Milch anbieten zu können. Schon 1805 machte sich ein Anbau für drei weitere Gästezimmer und einen neuen Pferdestall erforderlich.

Ausgedient hatte hingegen das Gästehaus auf der Heinrichshöhe, da die Torfstecherei in diesem Bereich bereits eingestellt worden war und die Brockenreisenden freilich lieber auf dem angestrebten Gipfel selbst als irgendwo in der Umgebung nächtigten. 1811 riss man die Gebäude ab.

Inzwischen setzte das rauhe Klima dem Gasthaus auf dem Brocken arg zu; nachweislich beschleunigt durch gravierende Fehler in der Bauausführung. 1834 war das Gebäude so baufällig, dass man sich zum Abriss von Haus und Turm entschloss.

Separater Aussichtsturm

Ein Jahr später stand bereits ein neuer, diesmal hölzerner, 15 Meter hoher Turm, ein Stück vom Brockenhaus entfernt. Doch auch er überdauerte nur 20 Jahre und fiel während eines Herbststurmes 1853 wie ein Kartenhaus in sich zusammen – zum Glück ohne jemanden zu verletzen. Der dritte Aussichtsturm wurde rechteckig aus Stein gemauert und hielt etwas länger, musste sich aber 1889 wie seine Vorgänger dem unwirtlichen Klima geschlagen geben. An gleicher Stelle entstand 1891/92 ein steinerner Rundbau.

Während der bis 1837 andauernden Umbauarbeiten am Gebäude

wurde in der Nacht zum 5. Juni 1835 das Brockenhaus von einem Feuer heimgesucht, dem es mit einem „blauen Auge" entkam. Lediglich ein Nebengebäude brannte nieder. Jedoch brach am 22. Juli 1859 erneut ein Feuer aus, dessen Flammen sich unaufhaltsam durch das gesamte Brockenhaus fraßen. Sie hinterließen nichts als rauchende Asche und verkohlte Reste des Grundmauerwerks. Nur der Aussichtsturm blieb unbeschadet.

„Das Brockenhotel mit dem hölzernen Aussichtsturm" von Ernst Helbig (1836)

Mehrstöckiges „Wolkenhotel"

Aber ohne Brockenhaus war der Brocken nicht mehr vorstellbar. Darum begannen schon bald die Arbeiten zu einem neuen Gebäude, dessen Richtfest in Anwesenheit des Grafen Otto zu Stolberg-Wernigerode am 26. Juli 1860 ausgiebig gefeiert wurde. Zum Pfingstfest 1861 war das prachtvolle, zweistöckige Brockenhaus fertig. Elf Jahre nach der Einweihung erweiterte man das Haus um einen großen Saal. 1881 setzte Brockenwirt Schwanecke auf das Haus buchstäblich noch eins drauf. Zentriert wuchs aus dem ehemaligen Dach eine weitere Etage empor, die allerdings nicht auf die Länge des übrigen Gebäudes kam.

Dank dieser Vergrößerung wartete das „Wolkenhotel" nunmehr mit 51 Zimmern auf, in denen insgesamt 150 Betten standen. Im Notfall ließen sich sogar noch kleinere Säle zu Massenunterkünften umfunktionieren, wodurch weitere 150 Schlafplätze auf Matratzen entstanden. Das Geschäft mit den Brockentouristen boomte und so konnte weiter investiert werden. 1908 besaß das renommierte Haus nach gründlicher Renovierung und Modernisierung eine hochmoderne Zentralheizung, eine zentrale Gaslichtanlage und Wasserspülung.

Brockenwirte

Die Kommerzialisierung des Brocken ist eng mit den Wirten dort oben verbunden. Im winzigen „Wolkenhäuschen" war der Wanderer freilich noch völlig auf sich allein gestellt, aber schon in der etwas größeren Schutzhütte auf der Heinrichshöhe kümmerte sich ein Gastwirt um das leibliche Wohl von Torfarbeitern und Reisenden.

Der Torfaufseher **_Johann Ernst Mahrholtz_** kann die Ehre für sich in Anspruch nehmen, der erste Brockenwirt gewesen zu sein, da das Gebäude auf der Heinrichshöhe ja allgemein als Brockenhaus anerkannt wird. Als Nachfolger ging **_Johann Peter Müller_** in die Brockengeschichte ein. Er lenkte von 1764 bis 1769 die Geschicke des Gasthauses. Wer unmittelbar nach ihm kam, ist bisher nicht bekannt. Ab 1778 war dann **_Christian Otte_** der Brockenwirt, den schon nach drei Jahren der Ilsenburger Ofenheizer **_Johann Gottfried Reich_** ablöste.

Bekannter und für die Entwicklung des Brockentourismus bedeutender war der erste Wirt im neuen Haus direkt auf dem Brocken. **_Friedrich Christian Gerlach_** trat am 10. September 1800 seinen ersten Arbeitstag an. Die Unterkunft auf dem Brocken entwickelte sich positiv. Nach 25 Jahren registrierte Gerlach an manchen Tagen immerhin einhundert und mehr Übernachtungen. Viele Gäste fanden lobende Worte für ihn im Gästebuch. Zu Beginn der 1830er Jahre häuften sich

jedoch die Beschwerden. Schließlich sprach die gräfliche Kammer dem langjährigen Brockenwirt ob des Qualitätsverfalls einen Verweis aus. Kurz darauf starb Gerlach.

Seine Nachfolge trat 1834 **_Eduard Nehse_** an, der ebenfalls von sich re-

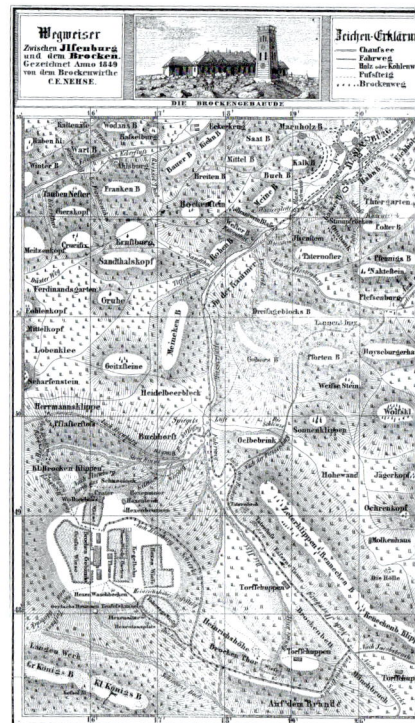

„Wegweiser zwischen Ilsenburg und dem Brocken" (1849), topographische Karte von Brockenwirt Eduard Nehse

den machte. Ihm sind beispielsweise die ersten meteorologischen Messungen und Aufzeichnungen vom höchsten Harzgipfel zu verdanken. Mehrfach veröffentlicht wurde seine Karte „Wegweiser zwischen Ilsenburg und dem Brocken", die wegen ihrer bemerkenswert hohen topographischen Qualität selbst in Fachkreisen große Beachtung findet.

Genauso bekannt, wissenschaftlich aber weniger bedeutsam ist das 1850 publizierte „Brockenstammbuch". In diesem Werk fasst Eduard Nehse die für ihn wichtigsten Eintragungen im Gästebuch seit 1753 zusammen. Allerdings finden Goethes Eintragung 1784 und die seines Dieners während des Besuchs auf der Heinrichshöhe ein Jahr zuvor kaum Beachtung bei Nehse.

1851 kam **Emanuel Köhler** als neuer Wirt auf den Brocken. 1875 folgte dann **Gustav Schwanecke**. Dieser ließ das dritte Geschoss auf das Brockenhaus setzen und veranlasste außerdem 1892 den Bau des neuen Aussichtsturms. Drei Jahre später verabschiedete sich Schwanecke vom Brockenhotel und überließ **Louis Brüning** ab 1896 die Amtsgeschäfte. Dieser sollte allerdings keine lange Freude an der neuen Arbeit haben. Er starb bald. Die Witwe erbte den Pachtvertrag und bestand darauf, die festgeschriebenen zwölf Jahre auszufüllen.

1907 wurde das Hotel neu zur Pacht ausgeschrieben. Den Zuschlag erhielt der in Halberstadt mit einer Gastwirtschaft erfolgreich arbeiten-

de **Rudolf Schade**. Er entwickelte sich ebenfalls zu einem bis heute bekannten Brockenwirt, und dies trotz der finanziell nicht gerade günstigen Bedingungen. Die jährliche Pacht hatte sich mit dem neuen Vertrag von 45 000 auf 72 000 Mark erhöht. Andererseits waren auch die Besucherzahlen inzwischen erheblich gestiegen und ließen den Umsatz wachsen. Spaßvögel ulkten sogar, der Brockenwirt habe diesen Betrag jedes Jahr schon zu Pfingsten durch den Verkauf von Ansichtskarten in der Kasse. Einen beträchtlichen Teil des erwirtschafteten Überschusses

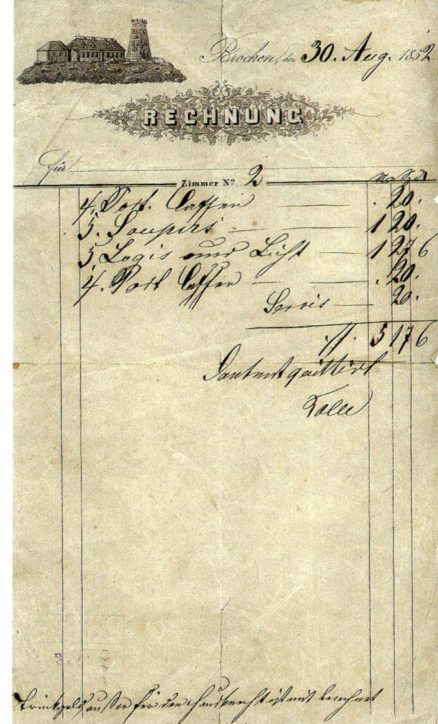

Rechnung vom 30. August 1852

Rudolf Schade

Ab 1954 beköstigte **_Walter Brüninghaus_** die Brockenbesucher und wurde 1960 von einer **_Frau Beier_** abgelöst. Zwischen 1961 und 1989 brauchte auf dem Brocken niemand bewirtet zu werden. Die neuen Herren versorgten sich selbst.

Nach der Wende baute **_Hans Steinhoff_**, der bereits in Schierke als Wirt tätig war, ein Familienunternehmen auf. Noch mit einem „Versorgungsauftrag" des damaligen Rates des Kreises ging der Wirt auf den Brocken und verkaufte den Wanderern Erbsensuppe und Bockwurst. Der behelfsmäßige Kioskbetrieb wuchs zu einer Firma mit über 70 Mitarbeitern, die heute neben der Gastronomie auf dem Brocken auch in Hotels in Schierke arbeiten.

steckte Schade in das Hotel. Er ließ zentrale Gaslicht- und Heizungsanlagen installieren sowie Telefonkabel legen. Außerdem verbesserte er mittels einer modernen, im Brockenmoor errichteten Pumpe die Wasserversorgung des Hotels.

Schade starb am 10. Dezember 1927 im Alter von neunundfünfzig Jahren. Witwe Charlotte führte das lukrative Hotel weiter, nach einer später geschlossenen zweiten Ehe dann unter dem Namen **_Baronin Brudersdorff_**.

Schon bald nach den Zerstörungen im Zweiten Weltkrieg erlangte der Brocken seine touristische Bedeutung zurück. 1950 öffnete im Erdgeschoss des Fernsehsenders provisorisch ein Imbissstand. Später gab es sogar einige Hotelzimmer in den Etagen des Fernsehturms und im achten Stockwerk lud das „Turmcafé" zum Schmausen und Schauen ein.

Fast sah es Anfang 1997 so aus, als würde der Brockenwirt Konkurrenz bekommen. Die Telekom als Besitzer des alten Fernsehturmes schrieb das Gebäude mit dem „Touristensaal" zur Pacht aus. 48 Einzelpersonen und Konsortien bewarben sich, 15 kamen in die engere Wahl. Den Zuschlag erhielten ein Wernigeröder und ein Schierker, die sich gemeinsam beworben hatten, dann aber während der Verhandlungen über den Mietzins das Handtuch warfen. Den Pachtvertrag unterschrieben letzten Endes doch Hans Steinhoff und Sohn Daniel. Das Unternehmen firmiert seither als „Brockenwirt & Sohn GmbH".

Seine **Brockenlokalität** – das Bahnhofsgebäude der Brockenbahn – ließ der erfolgreiche Wirt 1997 zur Gaststätte ausbauen. Die Gulaschkanonen aus Armeebeständen gibt es aber immer noch. An schönen Sommertagen werden diese schon früh am Morgen hinter dem Bahnhofsgebäude angeheizt, um hungrigen Besuchern Erbsensuppe im Freien anbieten zu können.

Im November 1999 eröffneten Brockenwirt Hans Steinhoff und Sohn Daniel im alten Fernsehsender die **„Brockenherberge"**. Zur Einrichtung gehören 19 Zimmer mit insgesamt 36 Betten und das Turmcafé „Hexenklause" in der siebten Etage mit 50 Plätzen. Darüber befindet sich die mit vielen Fenstern gestaltete Rundum-Aussichtsetage. Für die Gäste der Brockenherberge bietet sich bei schönem Wetter ein einma-

Seit 2006 finden im Goethesaal mehrmals im Jahr Aufführungen der **Rockoper „Faust"** statt. Die Akteure begeistern das Publikum mit tempogeladener Livemusik und grellen Kostümen. So sehr, dass seit 2010 parallel dazu auch eine szenische und musikalische Umsetzung von „Faust II" aufgeführt wird und im Herbst 2016 das Experiment „Faust – die komische Rockoper" gestartet wurde.

liger Blick über weite Teile Sachsen-Anhalts und Niedersachsens.

Die letzte Bauphase wurde im Frühjahr 2000 mit der Wiedereröffnung des Touristensaales als Gaststätte mit 400 Plätzen abgeschlossen. Über dem Touristensaal liegt der kleinere Goethesaal, in dem Politiker und Unternehmer beim Brockenstammtisch debattieren oder Goethes „Faust" zu erleben ist.

Im Dezember 2007 verkaufte die Telekom ihre Liegenschaft samt Brockenhotel, Goethe- und Touristensaal an die Nord/LB Hannover und die damalige Wernigeröder Kreissparkasse (seit 2008 Harzsparkasse). Die Bewirtschaftung blieb in den Händen der Steinhoffs. Hans Steinhoff starb am 2. Juni 2016. Sohn **Daniel Steinhoff** führt die Geschäfte als neuer Brockenwirt weiter.

Zu den Verdiensten Hans Steinhoffs – Brockenwirt von 1990 bis 2016 – zählt der von ihm initiierte „Brockenstammtisch", der seit Jahrzehnten hochrangige Politiker zum kontroversen Meinungsaustausch animiert.

Plateau mit dem Telekom-Neubau von 1995

Fernsehsender Brocken

Ein Knopfdruck genügt, dann hat man die Welt im Haus. So einfach und selbstverständlich wie man sich des kleinen technischen Wunders „Fernsehen" heute bedient, war es noch vor fast neunzig Jahren keineswegs. Damals hatten die wenigsten Menschen auch nur etwas davon gehört, dass es möglich ist, per Ätherwellen nicht nur Töne, sondern auch bewegte Bilder zu transportieren.

Erste Experimente. Am 8. März 1929 mussten die Wissenschaftler bei der ersten drahtlosen Fernsehrundfunk-Übertragung leider feststellen, dass sich die beim Rundfunk benutzte Kurzwelle fürs Fernsehen nicht eignet. Die Ultrakurzwelle verlangte ihrerseits nach hohen Standorten für die Sendeanlagen. Was lag näher, als sich bei weiteren Versuchen des Brocken zu bedienen?

1934 gab die Deutsche Reichspost den Bau eines mobilen Senders in Auftrag, mit dem schließlich im Sommer 1935 die erste öffentliche Bildübertragung gelang. Insgesamt schleppten sich zwölf, mit schwerer Technik beladene LKW am 17. Juli 1935 die Brockenstraße hinauf. Anschließend wurden von hier oben aus mehrere Monate lang Programme ausgestrahlt. Die Premiere feierte man gebührend im überfüllten Schierker Rathaus, wo ein Fernsehgerät die staunenden Gäste beflimmerte.

Wissenschaftler und Postbeamte zeigten sich mit den Ergebnissen der Versuchssendungen durchaus zufrieden, auch was die Tests zur Reichweite betraf. Noch im selben Jahr begannen Verhandlungen mit Christian Ernst Fürst zu Stolberg-Wernigerode, dem Herrn des Brocken, über einen Sender-Standort auf dem Gipfel. Der Fürst schien dieser technischen Revolution sehr aufgeschlossen gegenüber gestanden zu haben, denn die Beteiligten einigten sich schnell.

Bau des Fernsehturms. Im Sommer 1936 krempelten die ersten Arbeiter auf dem Bauplatz die Ärmel hoch. In nur einem Jahr erwuchs nördlich des Brockenhotels auf einer Grundfläche von 14 mal 16 Metern ein 52 Meter hoher Turm, dessen untere neun Stockwerke aus unverwüstlichem Stahlbeton bestanden. Die restlichen sieben Etagen entstanden aus Holzfachwerk.

„Betont unauffällig" umschwänzelten Angehörige des britischen Geheimdienstes die mysteriöse Baustelle im Herzen des bedrohlich gewordenen Hitlerdeutschlands, das sich von dieser Spionage geschmeichelt fühlte. Als hätte man niemanden bemerkt, führte man auch den aufwendigen Ausbau mit moderner Hochspannungs- und Kühltechnik sowie mit einmaligen Maschinenanlagen weiter.

Im November 1938 installierte Telefunken dann die Antennenanlage.

Sendemasten 1990

se das zentrale Programm erstmals empfing und ausstrahlte. Zu Beginn des Jahres 1939 verlegte man das Kabel 504 nach Frankfurt/Main. In Braunlage wurde diese Leitung einfach für einen Abzweig zum Brocken angezapft. Auf diese Weise strahlte der „Fernsehsender Brocken" ab April 1939 zwei Programme aus: Ein eigenes für Mitteldeutschland und das zentrale aus Berlin.

Sendepause im Krieg. Lange währte diese Ära allerdings nicht, denn wegen des drohenden Krieges stellte man den Sendebetrieb bereits im Juni ein. Gespürt hat man auf dem Brocken vom Zweiten Weltkrieg jahrelang nichts. Erst als das Dritte Reich unaufhaltsam unterging und der Brocken kurz vor dem Fiasko noch zur Festung erklärt wurde, schlugen auf dem Plateau amerikanische Bomben ein. Rings um den Fernsehsender fielen die meisten Gebäude in Schutt und Asche. Den Sender aber wollte man verschonen, um ihn nach Kriegsende – als Besatzer – nutzen zu können.

Die Amerikaner richteten sich auf dem Brocken im Gebäude des Fernsehsenders ein. Am 27. April 1947 packten sie dann ihre Sachen und zogen Richtung Westen. Augenzeugen berichteten von einem hinterlassenen Chaos. Der Fernsehsender war nur noch eine geplünderte Ruine.

DDR-Fernsehen. Im Jahre 1948 veränderte sich die Gestalt des ursprünglich 16-stöckigen Fernsehturmes, indem man ihn um sechs Etagen verkürzte. 1950 übernahm

Damit war der Fernsehsender auf dem Brocken noch im selben Jahr funktionsbereit. Weil für den Sendebetrieb enorme Mengen Starkstrom benötigt wurden, verlegte man noch ein 15-Kilovolt-Kabel von Schierke aus auf den Gipfel.

Das Fernsehen erkannten die Nationalsozialisten sehr früh als das Massenmedium der Zukunft und damit als wichtiges Instrument ihres Propaganda-Apparates. Schnell mussten die teuren Breitbandkabel von der Fernsehzentrale Berlin-Charlottenburg zu den wichtigsten Sendern in Deutschland verlegt werden. Das erste führte von der Reichshauptstadt direkt zum Sender Leipzig, der am 1. März 1936 während der Mesdie Deutsche Post der jungen DDR den Sender.

Ein Jahr später installierten Postmitarbeiter in den oberen Etagen einen neuen UKW-Sender, mit dem durchaus schon die ersten öffentlichen Fernsehprogramme hätten übertragen werden können. Daran war jedoch im Osten noch nicht zu denken, während man in der BRD im selben Jahr auch ohne Brockensender die ersten schwarz-weißen Flimmerbilder des Nachkriegsdeutschlands ausstrahlte. Den erst zwei Jahre alten UKW-Sender verstärkte man 1953 durch eine zusätzliche Rohrschlitzantenne. Im Ostberliner Stadtteil Adlershof produzierte

Rund 80 Prozent der Region Sachsen-Anhalt werden vom Brocken mit ARD, ZDF und mdr-Fernsehen sowie mit weiteren sechs Hörfunksendern versorgt. Mitte September 2007 ließ die Telekom mit einem russischen Schwerlasthelikopter der Swissair die Fernsehantenne demontieren und durch einen neuen DVB-T-Mast ersetzen. Er strahlt seit 9. Oktober 2007 zwölf öffentlich-rechtliche Programme zusätzlich über das digitale terrestrische Fernsehen in den Norden Sachsen-Anhalts aus.

der Deutsche Fernsehfunk Monate später die ersten Sendungen, die ab 1955 auch vom Brocken übertragen wurden.

Als dann auch in der DDR ein zweites Fernsehprogramm ins Leben gerufen wurde, machte sich ein Antennen-Neubau erforderlich. Daraufhin entstand 1973 eine alles überragende Metallkonstruktionsantenne, die ab 1. Januar 1992 nicht mehr das Programm von „DDR II", sondern die Sendungen des ZDF in den Äther abstrahlte.

Telekom-Neubau. Die Telekom baute den Sender Brocken nach der Übernahme schrittweise weiter aus. Der Antennenträger erhielt ein vor Wind und Wetter schützendes Kleid aus Kunststoff, unter dem weitere Antennen installiert wurden. Der umgebaute Mast hatte danach eine Höhe von 125 Metern. Neue Sendetechnik kam zunächst

Alter Fernsehturm vor der Sanierung 1998

in den sogenannten Touristensaal am Fuße des Fernsehturmes. Der erfüllte damit übergangsweise seine ursprüngliche Aufgabe und diente als Maschinensaal.

Im Juli 1994 legte die Telekom den Grundstein für ein neues Gebäude, dem bislang einzigen Neubau auf dem Brocken seit der politischen Wende 1989. Innerhalb eines guten Jahres ließen die Bauleute neben dem Antennenträger für neun Millionen Mark ein 55 Meter langes und 15 Meter breites, dreigeschossiges Sendegebäude aus dem Boden wachsen. Am 13. Dezember 1995 wurde das neue Gebäude feierlich übergeben. Hier fand die gesamte Sendetechnik aus Touristensaal und altem Fernsehturm Platz.

Umbau des Fernsehturms zum Hotel 1998

Brockenhotel. Im Mai 1998 begannen die Umbauarbeiten am alten, leerstehenden Fernsehturm. Mit einem großen Kran wurden tonnenschwere Betonteile, die der Antenne als Gegengewicht gedient hatten, aus den oberen Etagen des Turmes entfernt. Die hölzerne Verkleidung wurde abgerissen und der Bau mit neuen Fenstern versehen. Doch insgesamt bewahrt der denkmalgeschützte Turm heute seine ursprüngliche äußere Gestalt.

Im Erdgeschoss des Gebäudes befindet sich ein Souvenirgeschäft. In den darüberliegenden Etagen verteilen sich die Zimmer der im November 1999 von Brockenwirt Hans Steinhoff und Sohn Daniel eröffneten neuen „Brockenherberge". Auf dem Dach des Turmes wurde eine große Kunststoff-Kuppel aufgebaut. Darin sind Funk- und Radaranlagen zur Luftraumüberwachung installiert.

Heutige „Brockenherberge" mit Aussichtsetage und Café

Wetterwarte

„Wehe aber dem Unglücklichen, welcher von einem Schneesturme in einiger Entfernung vom Brockenhause überrascht wird; wie glühende Nadeln wird ihm der sturmgepeitschte Schnee in das Gesicht geschleudert, ihm das Sehen unmöglich machend und das Atmen erschwerend. Dazu durchschneidet der eisige, rasende Sturm sein Gebein, ihm das Blut bis in das innerste Mark erstarrend und seine Willenskraft lähmend; es sind nicht wenige Fälle constatiert, wo furchtlose Bergsteiger nur mit knapper Noth dem jämmerlichen Verderben entronnen sind."

Solch ein Schneesturm, wie ihn hier der Magdeburger Meteorologe Dr. Richard Aßmann (1845-1918) in seinen 1884 erschienenen „Winterbilder(n) vom Brocken" schildert, ist zwar auf Grund der Erderwärmung seltener geworden, kann den ahnungslosen Wanderer aber dennoch auch heute überraschen und auf den unwirtlichen Berg fürchterlich schimpfen lassen.

Brockenwirte beobachten

Die Extreme und Besonderheiten des Wetters auf dem Brocken waren schon sehr früh Anlass, auf dem Gipfel das Wetter regelmäßig zu beobachten und die Werte und Daten sorgfältig zu registrieren. Die ersten stündlich gemessenen Barometerwerte wurden vermutlich 1820 zu Papier gebracht. Ab 1836 meldete Brockenwirt Carl Eduard Nehse sowohl die Temperaturwerte als auch die von ihm beobachteten Wetterbesonderheiten an zwei Braunschweiger Wissenschaftler, die ihn um diesen Freundschaftsdienst gebeten hatten. Über Jahre kamen so die ersten wirklich kontinuierlichen Aufzeichnungen zustande.

Durch die Ergebnisse dieser mehr oder weniger privaten Aktion der beiden Meteorologen aufmerksam geworden, erkannte schließlich auch das zentrale Preußische Meteorologische Institut den Wert solcher Notizen und erteilte Nehse 1847 offiziell den Auftrag, Werte und beobachtete Besonderheiten zu registrieren.

Drei Jahre später begann Emanuel Köhler seine Arbeit als Brockenwirt und übernahm das unbequeme Zusatzgeschäft, zu dem ja nicht nur das häufige Ablesen des Luftdrucks am Barometer gehörte, das warm und trocken an einem Fensterrahmen im Speisesaal hing. Schneehöhe und Außentemperatur mussten ebenso ermittelt werden, was bei Sturm und eisiger Kälte niemanden wirklich begeisterte.

Und dann platschte auch noch ein riesiger Wermutstropfen ins Hoffnungsglas der Wissenschaftler: Die ersehnte Verbesserung der Wettervorhersagen blieb aus. Man hatte angenommen, die Vorgänge in der Atmosphäre durch die Höhenmessungen exakter erfassen und so statt der vagen, endlich genaue und zuverlässige Prognosen geben zu können. Enttäuschend war außerdem die Ungenauigkeit vieler Daten, vor allem die der Schneehöhe. Im teuflischen Verbund mit starkem Sturm trieb die weiße Pracht übermütig ihren Schabernack mit dem Freizeitmeteorologen Köhler. So wirbelte der Wind den Neuschnee ständig wieder auf und wehte ihn mal in die Messbehälter hinein, mal aus den Messbehältern heraus. Köhler stellte 1859 seine Beobachtungen ein.

Die Wetterstation

Dass sich die Wettervorhersagen mit den Werten vom Brocken kaum verbessern ließen, hatte Dr. Richard Aßmann eingesehen. Dennoch blieb er von der großen Bedeutung der Daten für die Meteorologie insgesamt überzeugt. 1895 gelang es Aßmann, der öffentlichen Hand für den *Bau eines Observatoriums* auf dem Brocken 4 200 Mark zu entlocken. Jedoch ließ sich mit dieser gerin-

Zu Beginn der 1980er Jahre machte sich der Leiter der Magdeburger Wetterwarte Dr. Richard Aßmann bei den zuständigen staatlichen Stellen unbeliebt. Er forderte die Einrichtung einer festen meteorologischen Station auf dem Brocken und ließ jedem abgelehnten Antrag einen neuen folgen. Auf diese Weise erreichte er immerhin, dass die regelmäßigen Wetterbeobachtungen auf dem Brocken 1882 ihre Fortführung fanden. Im Sommer war ein Postgehilfe und im Winter ein Mitarbeiter des Brockengasthauses zuständig.

gen Summe auch weiland kein Haus bauen. So kratzte Aßmann noch fleißig Spendengelder aus privaten Gönner-Töpfen zusammen, bis das lang ersehnte Projekt finanziell auf sicheren Beinen stand.

Brockensturm Mitte des 19. Jahrhunderts

Die Bauarbeiten gingen schnell voran. Turmförmig aus Holz errichtet, schloss sich das neue Gebäude an das Brockengasthaus an. Für den jeweiligen Wetterfrosch gab es im Erdgeschoss ein Wohnzimmer, darüber befand sich das „Gelehrtenzimmer" und im dritten Stockwerk das Beobachtungs- und Instrumentenzimmer. Hier fand man für den damaligen Stand der Wissenschaft moderne Geräte mit heute noch den Laien verblüffenden Namen vor: Aneroidbarograph, Aspirationspsychrometer und Meteoroskop. Wolkenspiegel und Sonnenscheinautograph ergänzten die technische Ausstattung. Am 1. Oktober 1895 weihte Aßmann das Brockenobservatorium ein.

Der erste Angestellte im neuen Haus blieb allerdings nicht lange. Eigentlich war Ludwig Koch nämlich nicht für Sturm und Schnee, sondern für den reibungslosen Versand der Post zuständig. Die Wetterbeobachtungen und Messungen betrachtete er als lukrativen Nebenjob. Doch bei einer Flut von insgesamt 141 311 Postsendungen im Jahre 1895 kam der zuverlässige Diener zweier Herren sehr schnell ins Schwimmen und kündigte nach einem Jahr im Observatorium. Man fand bald Ersatz.

Viel größere Sorgen bereitete hingegen das rauhe Klima. Es hatte schon nach wenigen Jahren der hölzernen Station übel mitgespielt. Das 1909 beantragte Geld für einen Umbau genehmigten die Behörden erst 1912 – länger hätte man angesichts des desolaten Bauzustands des Observatoriums auch nicht mehr warten dürfen. Bereits 1913 stand ein **_neuer Steinbau_** in der Rohfassung. Der Ausbau zog sich noch ein weiteres Jahr hin.

Die neue Wetterwarte erwies sich als ein Gewinn für alle Beteiligten. Küche, Vorratsräume, Speisekammer und ein Badezimmer gehörten diesmal zur Einrichtung. Eine Fotodunkelkammer verbesserte die Arbeitsbedingungen und ermöglichte die aktuelle Auswertung der Daten.

Aber perfekt war diese Fassung der Wetterwarte auch nicht. Durch die Fugen des steinernen Mauerwerks pfiff der Wind und rann der Regen. 1918/19 brachte man des-

Wetterwarte (1997)

Polarstimmung: automatische meteorologische Messstation (2013 abgebaut) und Wetterwarte

halb am oberen Teil des Gebäudes eine Holzverschalung an und installierte außerdem eine moderne Zentralheizung.

Kaum schienen die Probleme gelöst zu sein, geschah das Unglaubliche: Die Reichspost errichtete 1937 direkt neben dem Observatorium einen 64 Meter hohen Fernsehturm. Fortan waren die meisten Messungen völlig ungenau und damit für die Katz. Es blieb den Meteorologen nur die Flucht. Bis zum Frühjahr 1939 entstand etwa 250 Meter entfernt die **_dritte Wetterwarte_**, die heutige.

Der amerikanische Bombenangriff auf den Brocken am 17. April 1945 und starker Artilleriebeschuss aus Richtung Wernigerode zogen das neue Observatorium arg in Mitleidenschaft, sodass hier oben zwei Jahre lang bis zum Abzug der amerikanischen Besatzer kein Wetterfrosch anzutreffen war. Der auf Befehl der Sowjetischen Militäradministration in Deutschland (SMAD) bereits 1945 gegründete Landeswetterdienst Sachsen-Anhalt setzte sich schließlich für den Wiederaufbau des Brocken-Observatoriums ein.

Im September 1947 richtete sich der Meteorologe Kurt Glass mit einer Mitarbeiterin in einem kleinen Anbau am Fernsehturm ein und meldeten bald darauf die ersten Daten. Währenddessen liefen die Bauarbeiten am zerstörten Turm der Wetterwarte auf Hochtouren, sodass sie etwa ein Jahr darauf ihren Betrieb wieder aufnehmen konnte.

Ende Juni 1947 beschrieb der Meteorologe Kurt Glass seinen ersten Eindruck vom Brocken mit einem Wort: „Niederschmetternd!" Weiter heißt es: „Von dem ehemals recht netten Brockenhotel stehen nur noch Ruinenreste. Vom alten Observatorium stehen nur noch die äußeren Mauerfragmente. Im Inneren ist alles restlos zerstört und ausgebrannt ... Um das neue Observatorium häufen sich die Trümmerhaufen von Hölzern, Brettern, Kabeln ..."

Das Wetter

Die heute wissenschaftlich verwendeten Jahresmittelwerte der Weltorganisation für Meteorologie (WMO) basieren auf der Datenerhebung des Deutschen Wetterdienstes (DWD) zwischen 1961 und 1990. Danach beträgt die *Jahresmitteltemperatur* auf dem Brocken etwa 2,9 Grad Celsius, das langjährige Mittel des Januar liegt bei minus 4,2 Grad, das des Juli bei 10,3 Grad. Im Sommer stieg das Quecksilber im Thermometer bisher kaum über 25 Grad.

Aufgrund des Klimawandels häufen sich allerdings die Rekordmeldungen von bis zu 28 Grad. Und im Winter treten Minuswerte von 20 Grad und darunter nur noch selten auf. Überhaupt lässt die Wetteraufzeichnung erkennen, dass bereits von 1850 bis etwa 1935 eine kontinuierliche langfristige Erwärmung erfolgte. Nach etwa 35 Jahren Stagnation begann um 1970 erneut ein kontinuierlicher langfristiger

Das Wetter auf dem Brocken ist häufig ein anderes als in den tieferen Lagen. Scheint am Harzrand die Sonne, kann sich Vater Brocken durchaus in dicke Wolken oder schlierige Nebelschwaden hüllen. Andererseits ist es gut möglich, nach knapp zweistündiger Wanderung entlang der Brockenstraße durch feuchte Wolkenberge hindurch plötzlich aus der nebligen Suppe aufzutauchen und azurblauen Himmel mit strahlend heller Sonne zu genießen (Inversionswetterlage). Oder: Während unten kein Lüftchen weht, fegt über den Gipfel ein stechendkalter Eiswind hinweg.

Temperaturanstieg, dessen Kurve seither immer steiler verläuft. Die „Schallmauer" von 5 Grad Celsius Jahresmitteltemperatur durchbrach erstmals seit beginn der Wetterda-

Inversionswetterlage

tenerhebung das Jahr 2014. Auf der Grundlage der Daten zwischen 1990 und 2015 gehen Fachleute inzwischen von einer Jahresmitteltemperatur um die 4 Grad aus!

Die Meteorologen registrieren auf dem Brocken an über 300 Tagen (langjähriges Mittel: 306,6 Tage) im Jahr **Nebel**, der sich aber auch schnell – besonders in der warmen Jahreszeit – auflösen kann. Die jährliche **Niederschlagsmenge** beträgt im Jahresmittel 1 814 Millimeter. Hierbei ist der Mai am trockensten und der Dezember besonders feucht. Zwischen November und April gehen etwa 80 Prozent in Form von Schnee nieder. Das muss nicht immer nur im Winter sein. Alle paar Jahre kommt ein Schneeschauer mitten im Hochsommer vor.

In ganz Deutschland ist der Brocken der windigste Berg. Die **Windgeschwindigkeit** liegt im Jahr durchschnittlich bei 42 km/h. Am 18. Januar 2007 brauste allerdings Kyrill mit bis zu 200 km/h über den kahlen Berggipfel.

Nebel herrscht auf dem Gipfel an über 300 Tagen im Jahr

Naturschauspiele

Nebel, Frost und Sturm sorgen im Verbund für eine weitere Brocken-Besonderheit. Treibt der Wind bei Minustemperaturen die Wolken über den Berg, bilden sich innerhalb kurzer Zeit **bizarre Gebilde**, vor allem an Metall-Gegenständen. Hier gefriert die kondensierte Flüssigkeit der Wolke und erstarrt praktisch mitten in der „wilden Jagd" zu schweren, weit überhängenden Eisklumpen, die für Passanten lebensbedrohlich werden können. Durch Sturm abgeschlagen, jagen manche wie Geschosse viele Meter weit durch die Luft. Besonders nach längerer Sonneneinwirkung und bei stürmischem Wetter ist daher äußerste Vorsicht geboten.

Eine meteorologische Seltenheit ist das berühmte **Brockengespenst**, das im Laufe der Jahrhunderte schon von wesentlich mehr Menschen gleichzeitig beobachtet worden ist, als beispielsweise der Yeti oder Nessie. Das liegt einfach daran, dass das Brockengespenst tatsächlich existiert! Es zeigt sich immer dann, wenn morgens trotz klarem Himmel auf der Westseite des Brocken eine Wolke oder eine kleine Nebelbank liegt, die von der aufsteigenden Sonne angestrahlt wird. Hält sich zu diesem Zeitpunkt jemand auf der Brockenkuppe auf, wird seine Silhouette in vielfacher Vergrößerung auf die Wolken-Leinwand projiziert. Dieses gigantische Schauspiel ist abends auch auf der Ostseite aufführbar. Bei Vollmond und entsprechendem Wetter soll das Gespenst ebenfalls schon mehrmals aufgetaucht sein.

Vereistes Fernglas

In der Nacht zum 19. Juni 1932 geschah dies auf besonders spektakuläre Weise. Anlässlich des 100. Todestages von Altmeister Goethe führte eine Theatergruppe vor hunderten Zuschauern an der Teufelskanzel die Walpurgisnacht-Szene aus „Faust I" auf. Und als Faust und Mephisto auf die Spitze der teuflischen Granitklippe geklettert waren, verzogen sich die Wolken, die eben noch den hell-leuchtenden Mond verdeckt hatten, und beide Darsteller erschienen überdimensional auf einer Wolkenwand. Aus dem Auftritt des Brockengespenstes wurde gleich in doppelter Weise ein gigantisches Schauspiel.

Brockenbesteigungen

Ungezählt blieben die vielen Menschen, die im Laufe der Jahrhunderte das Brockenplateau betraten. Nur wenige Brockenbesteigungen aus alter Zeit sind uns überliefert. Vornehmlich politische, wissenschaftliche und künstlerische Prominenz weist die Geschichtsschreibung aus. Wer tatsächlich als erster Mensch vom Blocksberg in die Runde schaute, ist unbekannt.

Archäologische Funde auf dem Brockenfeld in der Nähe des Eckersprungs sind bereits in das beginnende Mittelalter zu datieren und legen die Vermutung nahe, dass sich in dieser Zeit gelegentlich Menschen auf den Brockengipfel gewagt haben. Ebenfalls nicht belegt aber sehr wahrscheinlich ist eine Brockenbesteigung in der Mitte des 15. Jahrhunderts. In der 1456 in lateinischer Sprache veröffentlichten Schrift „De origine Saxorum" ist von einem nahe bei Wernigerode gelegenen Montes Brockensberg die Rede, der eine Quelle auf seinem Gipfel habe.

Gerhard Eckert, Autor von „Der Brocken – Berg in Deutschland" (1990), meldet Bedenken an. Angesichts der Bäche ringsum brauche man „wenig Phantasie, um ihren Ursprung auf dem Brocken zu vermuten." Brocken-Historiker Dr. Uwe Lagatz misst dem Quell-Indiz durchaus größere Bedeutung bei, da tatsächlich nur eine Quelle auf dem Brocken existierte, die inzwischen versiegt ist: der Gerlach-Brunnen. „Diese Information ... zeugt ... von der unzweifelhaften Vor-Ort-Kenntnis ihres Urhebers."

Nach den verfügbaren schriftlichen Überlieferungen könnte der Gelehrte *Tilemann Stolz* 1560 auf dem Brocken gestanden haben und damit den Anspruch auf die erste Brockenbesteigung erheben. Doch der Fall Stolz ist umstritten. Dass allein drei Varianten für die Schreibweise des Namens (Stolz, Stoltz, Stoll) in der einschlägigen Literatur auftauchen, mag schon erste Zweifel bringen.

Tilemann Stolz war ein angesehener Kartograph, der unter anderem durch mehrere Länder Europas, durch Ägypten und Palästina gereist war. Die Nachricht von der Brockenbesteigung stammt aus einem privaten Hochzeitsgedicht, in dem kurz auf das Ereignis eingegangen wird. Danach soll sich Stolz mitten im Winter (!) auf den höchsten Harzgipfel gewagt haben. Der größte Zweifel kommt jedoch auf, wenn man eine Karte „des deutschen Landes" zu Rate zieht, die Stolz 1560 veröffentlichte. Hierauf fehlt nicht nur der Brocken, sondern der gesamte Harz.

Zweifelsfrei sind hingegen die Brockenbesteigungen von *Johannes Thal*, der sich ab 1570 mehrmals auf den unwirtlichen Gesellen hinauf bemühte. Der aus Nordhausen stammende Arzt galt als leidenschaftlicher Botaniker. Da er über viele Jahre die gräfliche Familie medizinisch betreute, erhielt er von Graf Wolf Ernst zu Stolberg-Wernigerode die Erlaubnis, den zu den gräflichen Besitztümern gehörenden Berg auf dessen Pflanzenwelt hin zu untersuchen. Der junge Wissenschaftler benutzte für seine Wanderungen verschiedene Wege, die teilweise sogar mitten durch Moorgebiet führten. 1588 veröffentlichte Thal das in Fachkreisen viel beachtete Werk „Sylva Hercynia" über die Pflanzenwelt des Harzes.

Weniger gelehrt ging es zu, als der Braunschweiger **Herzog Heinrich Julius** mit Gattin und Hofstaat dem berühmt-berüchtigten Berge auf das kahle Haupt rückte. Der Monarch wollte mit dieser Unternehmung vor allem seiner bezaubernden Gattin, einer jungen und hübschen Prinzessin des dänischen Königshauses, einen richtigen Berg zeigen. Das mutige Vorhaben teilte man dem regierenden Grafen in Wernigerode schon Monate zuvor mit, sodass die Harzer genügend Zeit hatten, den herzoglichen Ausflug sorgfältig vorzubereiten. Etliche unwegsame Pfade wurden aufwendig mit Bohlen befestigt, damit Herzog und Gefolge samt Kutschen durch das Brockengebirge fahren konnten.

Im Frühsommer des Jahres 1591 schleppte sich dann der endlose Tross an der Plessenburg vorbei bis unterhalb des Plateaus, von wo aus die Kutschen beim besten Willen nicht mehr weiterfahren konnten. Ob das zarte adlige Geblüt nun auf echtem Pferderücken oder tatsächlich nur auf Schusters Rappen den Gipfel erreichte, berichten die Überlieferungen nicht. Aber dass Herzog, Gattin und Hofstaat tatsächlich oben ankamen, ist verbürgt.

Die erste Beschreibung des großen deutschen Berges verdankt die Nachwelt dem Hildesheimer Bürgermeister **Henni Arneken**, der sich schon am 3. August 1579 auf dem Gipfel verzücken ließ. Er beschrieb die Brockenkuppe als Heidegelände mit großen Steinen, wo sich außerdem eine Quelle von der Größe eines Tisches fand.

Einen Schritt weiter wollte im 17. Jahrhundert der Magdeburger Bürgermeister und Physiker **Otto von Guericke** gehen. Keine bloße Beschreibung des Gipfels trieb ihn 1658 mit einem Diener auf den Blocksberg, sondern das Vorhaben, dort oben den Luftdruck zu messen. Guericke, den heute jedes Schulkind

Nach dem Besuch des Braunschweiger Herzogs soll sich herumgesprochen haben, dass der Brocken nicht nur besteigbar war, sondern eine lohnende Aussicht bis weit ins deutsche Land ermöglichte.

So trafen bald in Ilsenburg und Wernigerode häufiger Reisende ein, die den Brocken bezwingen wollten. Einheimische boten gegen ein Entgelt ihre Führerdienste an, wodurch das Abenteuer für die Reisenden meist abenteuerlich blieb, da sich selbst die Ansässigen im unerschlossenen Brockengebiet häufig verirrten. Erste zaghafte touristische Versuche lassen sich jedenfalls guten Gewissens in diese Zeit datieren.

mit der Entdeckung des Vakuums und damit einhergehend mit den berühmten Magdeburger Halbkugeln in Verbindung bringen muss, wollte von den gewonnenen Luftdruckwerten die Höhe des Brocken ableiten. Kaum waren der Wissenschaftler und sein Diener von Ilsenburg aufgebrochen, stolperte der Lakai und zerschlug dabei die mitgeführte Torricelli-Röhre. Zwar setzten die beiden ihren Weg bis auf den Gipfel fort, doch aus den vielversprechenden Messungen wurde erstmal nichts. Guericke hat das Unternehmen nie wiederholt.

Einen der ersten ausführlichen Berichte einer Brockenbesteigung verfasste der Hallenser Superintendent **Gottfried Olearius**, der sich am 19. Juli 1656 auf dem Berg aufhielt. Er zeigte sich besonders von dessen alpinen Charakter beeindruckt: „... die Tannen und Bäume allmählig sich verlohren und abgenommen, bis wir auf den platten Berg und deßen Obertheil kommen, worauf wir bei schönen, hellen, beständigen Wetter und Sonnenschein, auch ziemlich stiller temperirter Lufft ohne Kälte und Winde ... kleine und großen Felsen oder Klippen ... ein fast dürres Land ohne Schnee, mit Heyde, wenig Graß, und gleichwohl unterschiedene schöne Kräuter in viel größerer Quantität als sonst gefunden, und ... einen schönen klaren, kühlen und süßen Quell ... angetroffen".

Zar Peter der Große war schon in jungen Jahren sehr am wirtschaftlichen Aufschwung Russlands interessiert und wollte diesen schwierigen Prozess weder dem Selbstlauf noch

So schnell wie Zar Peter der Große gekommen war, verschwand er in Richtung Holland, wo er vor allem in Amsterdam tatsächlich lange unerkannt im Schiffbau spionierte. Diesen heiklen Stoff verarbeitete später Albert Lortzing in der berühmten Oper „Zar und Zimmermann".

anderen überlassen. Deshalb entschloss er sich, die beiden für ihn besonders wichtigen Industriezweige Hüttenwesen und Schiffbau auf einer Inkognito-Reise über westeuropäische Staaten bis nach den Niederlanden zu studieren.

Als der damals 25-jährige, vom Militärdienst gut durchtrainierte Monarch Deutschland erreichte, gelang es ihm nicht überall, seine verdeckte Identität zu wahren. So sprach es sich in der Grafschaft Wernigerode sehr schnell herum, welch hoher Gast über Gröningen nach Ilsenburg kommen wollte, um hier die berühmte Ilsenburger Hütte zu besichtigen. Graf Ernst zu Stolberg-Wernigerode ließ es sich nicht nehmen, gemeinsam mit dem Zaren den Brocken von Ilsenburg aus per pedes zu besteigen, worum übrigens beide kein großes Tam-Tam machten. Mit minimaler Gefolgschaft nahmen Zar und Graf den Brocken sozusagen „im Handstreich".

Während der Glanzzeiten des französischen Kaisers Napoleon Bonaparte fiel die Grafschaft Wernigerode samt Brocken an den neuen Staat Königreich Westfalen. Die Niederlage

Preußens im Krieg gegen Napoleons Truppen kostete die gesamten Gebiete westlich der Elbe, wo sich Napoleons Bruder *Jérôme Bonaparte* als prunk- und vergnügungssüchtiger Monarch von – gelinde gesagt – beschränkter politischer Intelligenz austoben konnte. Seiner sorglosen Lebensweise wegen nannte ihn das betroffene deutsche Volk auch „König Lustik". Da Jérôme ständig vor leeren Staatskassen stand, versuchte er überall Geld aufzutreiben. So überlegte er nicht lange, als einer seiner Berater ihm zuflüsterte, sich intensiver um die Hütten im Harz zu kümmern, denn hier sei viel mehr herauszuholen.

Am 4. August 1811 brach der König mit Gattin und pompösem Hofstaat zu einer Harzreise auf. Während die Wernigeröder dem Besatzer-Kaiser ebenso zujubelten wie Jahre zuvor noch dem preußischen Monarchen, zeigte sich Vater Brocken in dieser Hinsicht prinzipientreuer. Er versauerte dem fremden Herrscher nach allen Regeln der Kunst den Ausflug. Zuerst hüllte sich der Berg in dicken Nebel, dann kam kräftiger Dauerregen hinzu. Die Erde weichte auf und erschwerte der von Ilsenburg nahenden Wagenkolonne das Vorwärtskommen. Nach quälenden Strapazen kamen Königspaar und Gefolge doch auf dem Gipfel an, wo das königliche Personal unter anderem die Küche des Gasthauses in Beschlag nahm.

In den frühen Morgenstunden des nächsten Tages entzündete sich durch die Unvorsichtigkeit eines französischen Bediensteten ein schnell um sich greifendes Feuer, das alle im Schlaf überraschte. Trotz panischem Durcheinander gelang es zum Glück bald, die hoch schlagenden Flammen zu löschen. Nicht nur Wasser, auch Bouillon platschte dabei in das Feuer. Nach diesem Schrecken war dem „König Lustik" dann doch gar nicht mehr komisch zumute. Eilig verließ der Wagen-Konvoi das Brockenplateau.

„Der Brocken ist ein Deutscher. Mit deutscher Gründlichkeit zeigt er uns, klar und deutlich, wie ein Riesenpanorama, die vielen hundert Städte, Städtchen und Dörfer, die meistens nördlich liegen ... Der Berg hat auch so etwas Deutschruhiges, Verständiges, Tolerantes; eben weil er die Dinge so weit und klar überschauen kann." So sah der Dichter *Heinrich Heine* den Brocken.

Vom 19. zum 20. September 1824 übernachtete der 27-Jährige im Gasthaus auf dem Gipfel, worüber er später in seiner „Harzreise" berichtete. Heine, den besonders quälend die Zersplitterung Deutschlands beschäftigte, war fasziniert von der Erhabenheit des Brocken und der Möglichkeit, von seinem Gipfel tief ins deutsche Land hineinzuschauen. Und er war beeindruckt vom Naturerlebnis Brocken, insbesondere vom Sonnenaufgang: „Auf dem Turm fand ich schon einige Harren-

de, die sich die frierenden Hände rieben, andere, noch den Schlaf in den Augen, taumelten herauf. Endlich stand die stille Gemeinde von gestern abend wieder ganz versammelt, und schweigend sahen wir, wie am Horizont die kleine karmesinrote Kugel emporstieg, eine winterlich dämmernde Beleuchtung sich verbreitete, die Berge wie in einem weißwallenden Meer schwammen und bloß die Spitzen derselben sichtbar hervortraten, so daß man auf einem kleinen Hügel zu stehen glaubt, mitten auf einer überschwemmten Ebene, wo nur hier und da eine trockene Erdscholle hervortritt."

Ein anderer Romantiker, der bei uns vor allem durch seine Kunstmärchen bekannt geworden ist, weilte

Am 8. November 1996 wurde unweit des Brockenhäuschens – initiiert vom Harzklub-Zweigverein Schierke – ein vier Tonnen schwerer Granitstein in die Erde gesetzt und auf ihm eine *Plakette mit dem Bildnis Heinrich Heines* befestigt. Schon einmal gab es auf dem Brocken ein Denkmal für den Dichter, eingeweiht im September 1956 anlässlich seines 100. Todestages. Später verschwand die Plakette, wurde jedoch in Schierke aufbewahrt.

1831 auf dem Brocken: *Hans Christian Andersen*. Der dänische Dichter wanderte am 26. Mai von Goslar aus über Ilsenburg, wobei ihn die romantisch dahinplätschernde Ilse in ihren Bann zog. Oben auf dem Plateau angekommen, dichtete Andersen spontan ein paar Verse und trug sich ins Besucherbuch des Gasthauses ein. Nachdem er den Aufstieg allein unternommen hatte, schloss er sich auf dem Rückweg einer größeren Reisegruppe an. Diese längere Wanderung zum Brocken verewigte er später in den „Reiseschatten von einem Ausfluge nach dem Harz".

Reichskanzler *Otto von Bismarck* erklomm zweimal den Brocken. Einmal geschah dies bereits in seiner Studentenzeit am 10. Juni 1832 und dann am 29. Juli 1846 während eines Harzurlaubs. Dieser Aufenthalt sollte für Bismarck schicksalsschwere Bedeutung erhalten, denn in der luftigen Brockenhöhe verliebte sich der junge Mann in Johanna von Puttkammer, die er ein Jahr später heiratete. Das sollte aber nicht die einzige Verbindung bleiben, die Bismarck zum Brocken und zum Harz einging. Gegen Ende des Jahrhunderts hatte sich Otto Fürst zu Stolberg-Wernigerode bis in Bismarcks Kabinett hoch gearbeitet und nahm sogar den Stellvertreterstuhl des ersten deutschen Kanzlers ein.

Insgesamt 16-mal besuchte *Hermann Löns* während eines mehrwöchigen Wernigerode-Urlaubs den Brockengipfel. Meistens bezwang der passionierte Naturfreund den Berg zu Fuß, doch auch die Eisenbahn brachte ihn hinauf. Als emsiger Journalist wollte er seiner Redaktion auch einen Beitrag über die Brockenbahn liefern, denn ganz ohne Arbeit kam Löns auch im Urlaub nicht aus.

So entstanden die Aufsätze „Auf der Brockenbahn", „Brockengeheimnisse" und „Brockenfrühling" sowie die Plauderei „Die bunte Stadt am Harz", nach der sich Wernigerode seinen noch heute verwendeten Beinamen gab. Breiten Raum widmete der Heide-Dichter den geheimnisvollen Brockenmooren, die er seitenweise in den „Brockengeheimnissen" beschrieb: „Die Moore sind es, die des Brocken Würde aufrecht erhalten. ... wo der weiche Torf schwankt und das schleimige Moos quillt, wo die Moosbeere rankt und das Wollgras seine Silberseidenfahne schwenkt, Rosmarienheide sich in schwarzen Lachen spiegelt, hohl der Kuckuck läutet und dünn die Moorlerche zirpt, da kann man schweifen den ganzen lieben, langen Tag ..."

Und noch ein bedeutender Gast des Blocksbergs sei erwähnt: *König Fuad von Ägypten*. Während eines Staatsbesuchs in Berlin unternahm er einen Abstecher nach Wernigerode, wo ihn im Juni 1929 die Bevölkerung der Stadt und die Familie von Fürst Christian Ernst für ein paar Tage herzlich als Gast begrüßten. Der weitgereiste Monarch erwiderte damit den Besuch des Fürsten auf dessen Ägypten-Reise. Am 22. Juni stieg man in ein Auto und knatterte den Brocken hinauf bis direkt vor das Hotel, wo ein prächtiges Mittagessen vorbereitet worden war. Am Nachmittag fuhren Fürst und König zurück nach Wernigerode.

Goethe und der Brocken

Der sich als Maler ausgebende Johann Wilhelm Weber reiste Ende November / Anfang Dezember des Jahres 1777 von Weimar aus, wo er erst kurz zuvor in den Beamtenstand getreten war, in den Harz. Er machte in Elbingerode Station und kletterte in die **Baumannshöhle**. Einen ganzen Tag lang lief und kroch er durch die märchenhaft mit Tropfgestein verzauberten unterirdischen Welten, zeichnete und zeichnete auf.

Am Morgen des 3. Dezember steuerte der vielseitig begabte Maler sein nächstes Ziel an: **Wernigerode**. Erst nach Einbruch der Dunkelheit traf Weber, der wie gesagt in Wirklichkeit einen auch damals schon bekannteren Namen trug, in der verträumten Nordharz-Stadt ein, um Friedrich Leberecht Plessing (1749-1805) zu besuchen. Dieser junge Mann soll seit Erscheinen des berühmten Buches „Die Leiden des jungen Werther" in beinahe schon krankhafter Schizophrenie gelebt haben, da er sich selbst für den gequälten Werther hielt. Und so bestimmte die um sich greifende revolutionierende „Werther-Krankheit" auch das Gesprächsthema zwischen Plessing und Weber an diesem langen Diskussionsabend in einem Haus am Oberpfarrkirchhof.

Johann Wilhelm Weber war in seinem Staatsamte auch für die Ilmenauer Gruben zuständig. Vor allem deshalb hatte es ihn jetzt in den Harz gezogen, gab er vor, denn es lohnte sich durchaus, den Harzer Bergbau gründlich zu studieren. Der Beamte sattelte am Morgen des 4. Dezember gleich wieder sein Pferd und trottete nach **Goslar** weiter. Er quartierte sich für mehrere Tage in einer Gastwirtschaft ein, um Bergbau- und Hüttenbetriebe der Umgebung, wie die in Oker, zu besuchen.

Danach zog es den treuen Staatsdiener weiter in den Oberharz nach **Altenau**. Am 10. Dezember begab er sich nach **Torfhaus** und kehrte ins Forst- und Wirtshaus ein, das damals Förster Degen bewirtschaftete. Hier offenbarte Weber den vermutlich ursprünglichen Grund seiner Reise: Er wollte den **Brocken** besteigen. Und das mitten im Winter!

„Völlig unmöglich!" mag es Förster Degen damals entwichen sein, nachdem der junge Mann ihn gefragt hatte, ob er nicht jemanden kenne, der ihn auf den höchsten Harzgipfel geleiten könne. „Völlig unmöglich!" hätte damals sicher auch jeder andere, ja selbst versierte Wanderführer herausgeplatzt, denn eine Brockenbesteigung im Winter galt als lebensgefährliches Unterfangen und war angeblich bis zu diesem Zeitpunkt noch niemandem geglückt.

Weber sah aus dem Fenster und seufzte tief. Vom Brocken war nichts zu ahnen, dichter Nebel nahm gleich wenige Schritte vor dem Forsthaus die Sicht. Die Chancen standen äußerst schlecht. Und schlecht fühlte sich auch Weber, der die lange und strapaziöse Reise vom Thüringischen bis zum Herz des Harzes un-

„Teufelsaltar" (Goethe)

ternommen hatte, um nun doch sein wichtigstes Ziel nicht zu erreichen.

„Ich war still und bat die Götter, das Herz dieses Menschen zu wenden und das Wetter und war still", schrieb er später in einem Brief an seine Geliebte. Das Verzweiflungsgebet schien nicht ungehört verhallt zu sein, denn wie durch ein Wunder hob sich die eben noch schwer auf der schneebedeckten Winterlandschaft lastende Nebeldecke und gab den Brocken frei. Mondän lag er in der Ferne da wie ein lieber Verwandter, der bis eben überlegt hat, ob er sich verleugnen oder den unerwarteten Besuch empfangen will.

Von der flach am azurblauen Winterhimmel stehenden Sonne wie auf einer Bühne in grelles Licht getaucht, von Abermillionen winzigen Schneekristallen funkelnd verstärkt, lag er vor dem Fremden und schien ihn förmlich zu einer persönlichen Bekanntschaft aufzufordern. Förster Degen erkannte sicher, dass jetzt nichts und niemand mehr den jun-

gen Gast von seinem Vorhaben abbringen konnte und bot ihm deshalb seine Begleitung an. Weber war außer sich vor Freude und keinen Augenblick länger mehr in der Hütte am Torfhaus zu halten.

Seine Begeisterung hielt während der gesamten Wanderung und noch lange danach an: „Ich hab's nicht geglaubt bis auf der obersten Klippe. Alle Nebel lagen unten, und oben war herrliche Klarheit, und heute Nacht bis früh war er im Mondschein sichtbar, und finster auch in der Morgendämmerung, da ich aufbrach", teilte Weber abermals seiner Geliebten in einem am nächsten Tag verfassten Brief mit.

Weber und Degen waren um 10.15 Uhr aufgebrochen und standen nach anstrengendem Fußmarsch durch streckenweise verharschten Schnee um 13.15 Uhr auf dem Gipfel des Brocken; für den jungen Mann aus Weimar höchstes Glücksgefühl: „... und ich war oben heut und habe auf dem Teufelsaltar meinem Gott den

Der Goetheweg (1994) wurde 2008/09 bohlenfrei naturnah erneuert

liebsten Dank geopfert." Rings um den Brockengipfel lag ein unheimlich anmutendes, erstarrtes Meer aus Nebel und Wolken. Nur der Berg selbst ragte wie eine Insel aus diesen wattigen Wassern heraus, von gleißender Sonne beschienen.

Bald mussten sich die beiden jedoch von dieser Faszination losreißen und den Heimweg antreten, um nicht Gefahr zu laufen, sich im Dunkeln zu verirren. Gegen 16 Uhr kamen Degen und Weber wohlbehalten in der Torfhaus-Herberge an.

Weber, alias Johann Wolfgang Goethe, bezwang den Brocken dreimal in seinem Leben. Sozusagen ohne besondere Vorkommnisse verlief die zweite Besteigung am 22. September 1783. Der Meister aus Weimar verfügte diesmal über ein kleines Gefolge, bestehend aus Fritz, dem Sohn der Charlotte von Stein, der er bereits bei seiner Reise 1777 die erwähnten Briefe sandte, Vizeberghauptmann von Trebra, einem einheimischen Freund aus Zellerfeld, sowie seinem treuen Diener Su-

tor. Der Anmarsch glich weitgehend dem ersten Aufstieg, nur dass man sich diesmal zwei Tage Zeit nahm und im Brockenhaus auf der Heinrichshöhe übernachtete.

Mit seiner dritten Brockenwanderung im darauffolgenden Jahr verband sich für Goethe vor allem eine große Enttäuschung. Bis zum letzten Tag hatte er gehofft, seinen Geburtstag am 28. August auf dem

Bei seiner letzten Brockentour 1784 trug sich Johann Wolfgang Goethe ins Gästebuch des damaligen Brockenhauses auf der Heinrichshöhe mit einem in Latein verfassten Vierzeiler ein, den er mit seinem wirklichen Namen zeichnete und später selbst übersetzte:
Wär nicht das Auge sonnenhaft – Wie könnt' es Göttliches erblicken – Wär nicht in uns des Gottes eigne Kraft – Wie könnt' uns Göttliches entzücken?
d. 4. Sept. 1784   Goethe

Gipfel des Brocken feiern zu können. Die Pflicht zog ihm allerdings einen Strich durch diese Rechnung, denn Goethe befand sich zu dieser Zeit als Mitglied einer Delegation des Weimarer Herzogs am Hofe des Herzogs zu Braunschweig. Die Amtsgeschäfte, bei denen Goethe unabkömmlich war, duldeten keinen Aufschub, sodass er ganz Politiker sein und sowohl den Dichter als auch den Wissenschaftler in ihm hintenan stellen musste.

Am 2./3. September bestieg er dann den Brocken in Begleitung des Malers Georg Melchior Kraus. Dieser war dem Wissenschaftler Goethe vor allem bei dessen geologischen Untersuchungen eine wertvolle Hilfe, indem er etliche Zeichnungen von Gesteinsproben anfertigte.

Den drei Reisen zum Gipfel des Brocken maß Goethe auch literarische Bedeutung bei. Die Besuche auf dem sagenumwobenen Blocksberg stellten eine Vor-Ort-Recherche zu seinem großen Thema „Faust" dar. Und in diesem überwältigenden, weltweit gelesenen zweiteiligen Meisterwerk verewigte Goethe sowohl den Brocken, als auch die Orte Elend und Schierke. Er ließ Dr. Faust und Mephistopheles an der Walpurgisnacht teilnehmen, die Bekanntschaft mit Irrlichtern im Bodetal machen und gemeinsam mit einer Schar Hexen zum Brocken reiten.

Die Faustgestalt mit ihren scharfen, an die Grundsätze menschlicher Moral vordringenden Widersprüchen hat schon den jugendlichen Goethe in ihren Bann gezogen. Begierig verschlang er das 1587 veröffentlichte „Volksbuch" über Dr. Faust, sah sich zahllose Theaterstücke und Puppenspiele an. Nach jahrelanger Auseinandersetzung mit dem Stoff schrieb er den „Urfaust", den er 1775 einem Weimarer Hoffräulein zum Abschreiben gab. Es folgte ein längerer Aufenthalt in Italien.

Erst 1790 ließ der berühmte Arzt, der mit dem Teufel einen Pakt geschlossen hatte, durch Goethes Feder wieder von sich hören, in Form von „Faust – ein Fragment". Es sollte noch bis 1806 dauern, dass „Faust – Der Tragödie erster Teil" erschien.

Die 1990 eingeweihte Goethe-Plakette am „Wolkenhäuschen" ist nicht die erste an dieser Stelle. Eine 1927 angebrachte Tafel ging beim amerikanischen Bombenangriff 1945 verloren. Und auch ihre in den 1950er Jahren neu gegossene Nachbildung verschwand, nachdem die Brockenkuppe zur Sperrzone erklärt worden war. Damit starb auch die Idee, das „Wolkenhäuschen" als Goethe-Gedächtnisstätte einzurichten.

Walpurgis und der Hexenglaube

Die Wurzeln des Hexenglaubens im Brockengebiet liegen in der Zeit der Christianisierung durch Karl den Großen, der mit brutaler Gewalt die sogenannten Heiden zum Christentum bekehren wollte. Diese mussten deshalb heimlich ihren Göttern huldigen, von denen Wotan der mächtigste und bekannteste war, und der – so die Überlieferung – einst in der Nacht zum 1. Mai auf dem Brocken seine Hochzeit mit der Fruchtbarkeitsgöttin Freya gefeiert haben soll.

Den neuen Herrschern war der dunkle urwüchsige Hochharz viel zu unheimlich und furchteinflößend, und so konnten sich die Heiden zum Beispiel auf dem Wurmberg oder auf dem Hexentanzplatz sicher fühlen und Kultstätten errichten. Im Frühjahr gingen die Frauen mit Besen dort hinauf, um den Schnee und Winterschmutz wegzufegen sowie die Frühlingsfeiern vorzubereiten.

Schließlich entdeckten die Christen die Kultstätten mit den geopferten Hunden, Ziegenböcken und Kälbern. Davon ausgehend, dass man – bedingt durch die Unwegsamkeit dieses Berges – nicht so oft auf natürlichem Weg bis zum Gipfel vordringen konnte, glaubten sie, dass die Heiden auf dem dort oben gefundenen Vieh über die Moore und Urwälder hinweg auf den Brocken geflogen waren. Die Hexen ritten durch die Luft zum Brocken!

Mit dem heute noch vielerorts bekannten Osterfeuer wird eine weitere alte, heidnische Tradition gepflegt, die dem Vertreiben des Winters und der Begrüßung des Frühlings dient. Auch die in der Nacht zum 1. Mai auf den Brocken gerufenen Hexen tanzen hier den Schnee weg. Von den ursprünglich äußerst zahlreichen Heiden-Göttern hat sich im Zusammenhang mit der Walpurgisnacht übrigens nur der Teufel in die Gegenwart herübergerettet, der alljährlich zum großen Sabbat ruft.

Die Gebrüder Jacob und Wilhelm Grimm haben versucht, sich rein sprachwissenschaftlich dem Ursprung des Hexenbegriffes zu nähern. Nach ihrer Meinung stammt das Wort „Hexe" vom althochdeutschen „hagazussa" ab, was so viel bedeutet wie: die durch Wald und Flur streifende Schädigerin. Weniger wissenschaftlich befasste sich Johann Wolfgang von Goethe mit dem Hexenthema und dichtete das berühmte Hexeneinmaleins.

Der Name der gespenstischen Nacht stammt von **Walpurga**, Tochter des englischen Königs Richard, die 748 als Äbtissin ins Kloster Heidenheim gegangen war und kurz nach ihrem Tod 779 für ihr aufopferungsvolles, asketisches Leben heilig gesprochen wurde. Sie ist die Kalenderheilige des 1. Mai.

Hexenverfolgung

Der älteste schriftliche Beleg für die Verfolgung von Brockenhexen stammt vom 10. Januar 1540, als die Elbingeröderin Grethe Wroystes in einem inquisitorischen Verhör zugab, sich auf dem Brocken mit anderen Hexen mehrmals getroffen zu haben.

In einer *1667 verfassten „wissenschaftlichen Disputation"* führten die Gelehrten zur Genüge vermeintliche Beweise für die Existenz der Hexerei an. Ihre Ausführungen gipfelten in der Darstellung des Hexensabbats: „Mit dem Schmalz, gebraut aus Hunde- oder Kinderfett, bestreichen sie sich die Beine oder Stöcke und fliegen mit dem Ausruf 'oben nauß und nirgends an' davon; andere werden von ihren Buhlern in Gestalt von Böcken, Ochsen oder anderen Tieren getragen. Auf seinem 'Reichs Tag' präsentiert der Teufel sich in Gestalt eines Bockes oder Hundes und läßt sich obszön huldigen und lästerlich anbeten. Dann wird geschmaust, getanzt, gehurt. Hexen, die keine bösen Taten berichten können, werden geprügelt. Zur Heimfahrt bekommen sie Ermahnungen und Zaubersalben und Giftpulver mit."

Und Johann Praetorius schrieb 1668 in seinem **Hexen-Standardwerk „Blockesberges Verrichtung"**: „Zusammenkünfte der Unholden so wol anders wo, als fürnehmlich auff dem Blocksberge, auff welchem, wie man saget, alle Hexen in gantz Teutschlande, wenn sie sich mit gewissen Salben beschmieret haben, am 1. Wärz in der Nacht theils sollen

> **Goethes Hexen-Einmaleins:**
> Du mußt verstehn!
> Aus Eins mach Zehn,
> Und Zwei laß gehn,
> Und Drei mach gleich,
> So bist du reich.
> Verlier die Vier!
> Aus Fünf und Sechs,
> So sagt die Hex,
> Mach Sieben und Acht,
> So ist's vollbracht:
> Und Neun ist Eins,
> Und Zehn ist keins.
> Das ist das Hexen-Einmaleins!

getragen werden in gantz kurtzer Zeit von ihren Bühlern, den bäsen Geistern, welche zu ihnen kommen in Gestalt eines Bockes, eines Schweines, eines Kalbes und dergleichen; theils sollen sie auch auf denselben fahren auff Besen und Stecken, und die gantze Nacht mit spielen, fressen, saufen, tantzen und allhand fleischlichen Ergetzlichkeiten nebst ihren Buhlen zubringen."

Derartige Beschreibungen dienten dem Klerus dazu, selbst auf brutale Weise Macht und Einfluss auszubauen. Viele Beispiele der Geschichte zeigen dies. So wurde Anna Beringer aus Nordhausen der Hexerei bezichtigt, was sie aber bestritt. In „peinlicher Befragung" mit allerlei grausigen Folter-Gerätschaften sprudelte es schließlich am 18. April 1573 förmlich aus ihr heraus: Ja, sie sei einmal zur Walpurgisnacht auf dem Brocken gewesen, und ihr Buhle habe sie auf einem weißen Ziegenbock geholt, durch die Lüfte geführt und ihr geboten, dass sie

Walpurgisdarstellung
auf einer Postkarte (um 1910)

nichts sagen solle. Sie gestand: „Der Teufel hat mit einer in Sachsa wohnenden Hexe den Vortanz gehabt und dann auch mit mir getanzt." Die Verzweifelte hatte wohl auf Gnade gehofft und gab auch noch zu, vom Satan selbst die gefürchtete Gliederkrankheit erhalten zu haben, die sie den Nordhäusern übertragen sollte. Anna Beringer starb am 28. April 1573 in Nordhausen auf dem Scheiterhaufen.

Stützte sich die Inquisition in ihrer „wissenschaftlichen Hexenliteratur" auf alte Sagen und Mythen, oder entstanden die meist mündlich überlieferten Sagen erst nach den als bare Münze verkauften Hirngespinnsten des Klerus? Nach dem 1928 veröffentlichten Manuskript „Blocksbergsagen" von Walter Grosse, damaliger Vorsitzender des Harzvereins für Geschichte und Altertumskunde, stellt die Antwort darauf einen liberalen Mittelweg zwischen beiden Varianten dar. Freilich wäre der Hexenglaube viel älter und noch auf vorchristliche Epochen zurückzuführen, doch seien die überlieferten Hexensagen relativ jung, teilweise sogar jünger als die bedeutenden Werke der „wissenschaftlichen Hexenliteratur".

Zahlreiche Elemente der Sagen finden sich bereits in den scharlatanischen Texten der Inquisitoren. Einzelheiten, wie abgehauene Katzenpfoten, an denen man die sich zurückverwandelten Hexenweiber erkennen sollte, sowie die an die Beine geschmierte Zaubersalbe, die den Hexen das Fliegen ermöglichte, hat das Volk nicht der traditionellen Überlieferung, sondern diesen Hexen-Büchern entnommen.

Brockenbahn

„Heute wird es sicher wieder dort oben laut und lustig", argwöhnte an einem sonnigen Sommertag des Jahres 1907 Heide-Dichter Hermann Löns, der in Wernigerode Urlaub machte. „Jetzt schon, zum ersten Zuge, strömt es in Wernigerode, der bunten Stadt, von allen Seiten heran, und der Zug, der da um die Ecke gefaucht kommt, ist reichlich besetzt; die Fenster sehen von all den bunten Hüten wie die Auslagen von Blumenhandlungen aus. Seitdem die Bahn geht, kann jeder Asphalttrotter zum Brocken ..."

Ähnliche Seufzer-Sätze waren nach der Öffnung des Brockenplateaus 1989 wieder desöfteren zu hören. Die besondere Eisenbahnstrecke rief sogar engagierte Umwelt- und Naturschützer auf den Plan. Sie setzten sich vehement gegen die Wiederinbetriebnahme der Brockenbahn ein, da sie katastrophale Auswirkungen durch den Massentourismus befürchteten.

Die neuen Betreiber der Harzquer- und Brockenbahn – zahlreiche Harzer Landkreise und Kommunen – argumentierten unter anderem, dass der Einsatz vieler Brockenzüge pro Tag eher die Tier- und Pflanzenwelt des betroffenen Gebietes schützen, denn gefährden würde. Mit der urwüchsigen Natur links und rechts vom Wegesrand kämen schließlich nur diejenigen Brockenbesucher in Berührung, welche zu Fuß den Gipfel bestiegen. Während Gleisbauer bereits die Brockenstrecke sanierten, wurde im Meinungsgezerre der streitenden Parteien diskutiert, geklagt, entschieden.

Insgesamt 20 Millionen D-Mark pumpte allein das Land Sachsen-Anhalt in den Wiederaufbau. Der erste Sonderzug der Brockenbahn schnaufte am 15. September 1991, prall gefüllt mit Bauarbeitern und geladener Prominenz, zum Bahnhof auf den Gipfel.

Schmalspurbahn im Harz. Die Brockenbahn ist in Gegenwart und Geschichte eng mit der großen Schwester Harzquerbahn verbunden. Beide Strecken gehörten von Anbeginn demselben Unternehmen, der Nordhausen-Wernigeröder Eisen-

Brockenbahn im Eckerloch um 1910

Kurz vor dem Gipfel am Hirtenstieg

von 5,5 Millionen Mark. Schon am 3. Juli erfolgte die Eintragung ins Handelsregister Nordhausen. Kurz zuvor war bereits ein Bauvertrag mit der Eisenbahnbau- und Betriebsgesellschaft mbH Berlin geschlossen worden.

Herausforderungen. Es ist schon etwas aufwendiger, eine Eisenbahn durch ein Mittelgebirge wie den Harz zu bauen als übers flache Land. Selbst Straßen und Wege lassen sich im Gebirge wesentlich leichter anlegen als Schienen, da man Fuhrwerke und später Automobile durchaus über eng geschlungene Serpentinen in die Höhe scheuchen kann. Mit den schwerfälligen und

bahngesellschaft (NWE). Hingegen hat die heute das Harzer Schmalspurbahnen-Trio komplettierende Selketalbahn mit der ehemaligen Gernrode-Harzgeröder Eisenbahn einen anderen Stammvater.

Gedacht, geplant und konzipiert wurde in Richtung harzquerende Eisenbahn bereits lange vor Gründung der NWE. Schon 1866 setzten sich der Nordhäuser Bürgermeister und der Magistrat von Wernigerode für solch eine Bahnverbindung ein. Am 8. Dezember desselben Jahres bildete sich sogar ein Komitee. Es brachte jedoch nicht einmal das Geld für eine Untersuchung über die Betriebsfähigkeit einer solchen Bahn auf und kapitulierte. Auch ein neues, 1870 gegründetes Komitee schaffte es gerade noch, ein Statut zu erarbeiten, bevor alle darin festgeschriebenen Aktivitäten einschliefen.

Erst 1896 fanden sich erneut entschlossene Männer in einem Komitee zusammen, diesmal in Nordhausen, um die jahrzehntealte Idee endlich mit Leben zu erfüllen. Und tatsächlich ging anschließend alles sehr schnell: Am 25. Juni 1896 gründete sich in Berlin eine Aktiengesellschaft NWE mit einem Grundkapital

Brockenbahn am Thumkuhlentunnel

Trubel am Bahnsteig der Brockenbahn

nur wenig beweglichen Dampfrössern samt Wagenkolonne geht das nicht. Da war ein Krümmungshalbmesser von teilweise nur 60 Metern, wie er beispielsweise auf der Strecke zum Brocken eingebaut worden ist, schon eine kleine Sensation. Dass die Züge der Brockenbahn nur mit Kraftübertragung durch Reibung bei Steigungsverhältnissen von teilweise 1:30 (ein Meter Höhenunterschied auf 30 Metern Strecke) ihr oft wolkenumhülltes Ziel erreichten, galt ebenfalls als beachtliche Leistung.

Vor allem der Bau des Schienenweges zum Brocken gestaltete sich äußerst schwierig. Spezialkräfte aus Bayern, aber auch Italien und Kroatien mit reichlich Erfahrung beim Bau von Gebirgsbahnen hatten schließlich bedeutenden Anteil an der Vollendung des Gleisbaus. Und Erfahrungen waren gefragt! Immerhin mussten die Schienen über längere Strecken auch durch das unwegsame Brockenmoor geführt werden, das dem Gleisbett keinen Halt gab. Es blieb nur eine Lösung: Ausheben.

Teilweise bis zu sieben Meter tief wühlten sich die Arbeiter, um auf festen Grund zu stoßen, dann versperrten plötzlich Felsklippen die potenzielle freie Bahnfahrt und mussten weggesprengt werden. Insgesamt hob man für den Bau der Brockenbahnstrecke 90 000 Kubikmeter Moor aus und legte damit wesentliche Teile des Goethe- und Sattelmoores an der Heinrichshöhe trocken. Diese Arbeiten weckten übrigens noch das lebhafte Interesse einiger Wissenschaftler, denn im Moor, über Jahrtausende hinweg konserviert, fanden sich gut erhaltene Reste von Linden. Irgendwann in grauer Vorzeit muss also auf dem Brocken, sogar in seinen höher gelegenen Regionen, noch äußerst mildes Klima geherrscht haben.

Streckenausbau. Die NWE nahm die spätere Harzquer- und Brockenbahn abschnittsweise in Betrieb. So fuhren am 16. Juni 1898 die ersten Züge zwischen Wernigerode und Schierke, und am 4. Oktober desselben Jahres fand die erste Probefahrt weiter hinauf bis auf den Brocken statt.

Die offizielle erste Tour zur Betriebsaufnahme erfolgte am 27. März 1899. Danach erlebte der schon zu diesem Zeitpunkt bereits beachtliche Brockentourismus einen riesigen Aufschwung. Damals fuhren zwar nur drei, von einer Mallet-Loko-motive gezogene Wagen, aber diese waren während der Saison meist bis auf den letzten Platz besetzt.

Durch die neue Bequemlichkeit wollten allerdings immer weniger Sommer- und Winterfrischler wahr-haben, dass sie sich auf den Gipfel eines 1 141 Meter hohen Berges mit den klimatischen Bedingungen ei-ner mindestens 1 600 Meter mes-senden Alpenhöhe begaben, was entsprechende Kleidung erforderte.

Sehr erfolgreich entwickelte sich der Tourismus im Harz in den 1930er Jahren. Die Verantwortlichen der

Hermann Löns beschrieb in sei-ner *Reportage „Auf der Bro-ckenbahn"* ein nach wie vor ak-tuelles Problem sehr amüsant: „Die Bahn keucht bergaufwärts ... Ich schließe das Fenster; der Wind kommt kalt hinein, kalt und naß ... die Scheibe trieft, die Sonne ist fort ... Durch einen dicken grauen Brei wühlt sich der Zug, pfeift, wie auf dem letzten Loche, und hält. Ein tau-sendstimmiger Angst-, Wut- und Schreckensschrei wird vom Sturme zerfetzt. Hüte fliegen, Umhänge flattern, Röcke we-hen, Waden jeder Art enthüllen sich, Schirme verwandeln sich in Tulpen, Blumenhüte wer-den zu Wasserleichen, der Blau-schlipsmann setzt hinter sei-nem Zylinder her, der den Weg nach Ilsenburg einschlägt; der Zylindermann kommt wieder, der Zylinder aber nicht."

Bahngesellschaft schlossen zahl-reiche Verträge mit ausländischen Reisebüros, die das lukrative Touris-mus-Geschäft für die kleine Harzer Eisenbahn noch sicherer machten. Während der Saison fanden sich täg-lich etwa 5 000 Besucher auf dem Brockengipfel ein.

Unsichere Zeiten. Die beiden Welt-kriege hatten für das Unternehmen unmittelbar negative Auswirkun-gen. Bahnmitarbeiter mussten an die Front, die Heeresbahn forder-te ihren Tribut auch von der NWE in Form von Eisenbahntechnik, die meist nicht zurückkam. Die Brocken-bahn verkehrte während des Zwei-ten Weltkrieges noch einige Jahre fahrplanmäßig.

Vor allem zum Ende des Krieges hin, als die „Festung Harz" gemein-sam mit einigen anderen ausge-wählten, strategisch bedeutsamen Regionen den Untergang des 1000-jährigen Reiches aufhalten sollte, zerstörten Bomben und Gra-naten wichtige Teile der Gleisanla-gen. Erst ab 14. Mai 1949 fuhren wie-der an den Wochenenden Züge mit Ausflüglern auf den Gipfel.

Dann kam die Enteignung und Überführung der Harzquer- und Bro-ckenbahn in die Bestände der Deut-schen Reichsbahn, die sich am 1. Ja-nuar 1950 aller privaten Kleinbahnen der ehemaligen Sowjetischen Besat-zungszone bemächtigte. Ein gutes Jahr später hatte man den Brocken-bahnhof so weit wieder hergestellt, dass die Bahnen nach Fahrplan ver-kehren konnten. Die Fahrgastzahlen stiegen. Im Rekordmonat Juli 1960

Deutschlands höchst gelegener Bahnhof

gelangten insgesamt 90 000 Besucher per Bahn auf den Brocken.

Mit dem Berliner Mauerbau vom 13. August 1961 wurde auch der Brocken für Touristen zum Tabu erklärt. Ohne geregelte Abfahrts- und Ankunftszeiten fuhren zwar noch öfter Züge auf den Brocken, doch mussten die Loks schweres Baumaterial zum Gipfel hinaufschleppen, um jenen Brocken entstehen zu lassen, den die Besucher am 3. Dezember 1989 hinter der bulligen Mauer vorfanden.

Neue alte Brockenbahn. Am 15. September 1991 schnaufte dann, nach jahrzehntelanger Unterbrechung, der erste Sonderzug der Brockenbahn unter dem Jubel tausender Schaulustiger den höchsten Berg Norddeutschlands hinauf. Während werktags fleißig an der Strecke ge-

arbeitet wurde, verkehrten an den Wochenenden bis zur Winterpause weitere Sonderzüge. Regelmäßige Fahrten auf die zugige Spitze enthält der Fahrplan seit Sommer 1992.

Am 1. Februar 1993 übernahm die neu gegründete Harzer Schmalspurbahnen GmbH (HSB) offiziell die Geschicke aller drei Harzer Bahnen. Mit dieser Ausgliederung aus der Deutschen Reichsbahn entstand in den neuen Bundesländern die erste nichtbundeseigene Eisenbahngesellschaft mit regelmäßigem Reisezugverkehr. Die Zahl der Brockenzüge erhöhte sich stetig; nun sind es täglich mindestens elf. Hinzu kommen viele Sonderfahrten speziell für Reisegruppen. Im Jahr 2016 beförderte die HSB insgesamt über eine Millionen Fahrgäste, davon allein 633 000 mit der Brockenbahn.

Brockenmalerei

Ihre Blütezeit erlebte die Brockenmalerei erst im 19. Jahrhundert. Doch brachten schon viel früher Kartographen den Harz zeichnerisch zu Papier. Die erste subjektive Darstellung des Brocken stammt vermutlich von Merian. Einer der ersten kolorierten Stiche, auf denen der Brocken zu sehen ist, entstand 1749 nach einer 1732 gefertigten Zeichnung von **Ludwig S. Bestehorn** (siehe Seite 10).

Die Romantiker entdeckten den Brocken als künstlerisch verwertbares Objekt und ließen den sagenumwobenen Koloss wieder und wieder in Öl auf Leinwand, Bleistift auf Papier oder als Stich entstehen. Casper David Friedrich und Ludwig Richter zählten hierbei zur ersten Garnitur, Carl Mittag und **Ernst Helbig** (siehe Seite 25) ließen sich von den Größen beeinflussen, der Stolberger Helbig sogar direkt. Er war ein Schüler Friedrichs.

Die meisten Werke der Brockenmalerei sind Ansichten aus der Ferne. Auf diesem Gebiet versuchten sich Künstler wie Carl Triebel, Richard Riemer, Karl Reinecke-Altenau, Wilhelm Pramme, Robert Naumann, Albert Hertel und Johannes Misiak. Der gebürtige Blankenburger Ulrich Bornemann (1901-1989) bannte das Brockenplateau mit Hotel, Observatorium, Aussichtsturm und Wolkenhäuschen auf seine Leinwand. Später nutzten auch Mitglieder der Wernigeröder Künstlerkolonie wie Bruno Jüttner und Paul Betyna den Brocken als Motiv für ihre Arbeiten.

Schlechthin als d e r Brockenmaler gilt bei Insidern **Professor Adolf Rettelbusch**. Am 15. Dezember 1858 im thüringischen Kammerforst geboren, studierte der talentierte Rettelbusch in Weimar und Berlin. Nach längeren Europareisen dozierte er von 1887 bis 1924 an der Kunstgewerbeschule in Magdeburg. Seine besondere Vorliebe für den Brocken ließ ihn zahlreiche Stimmungsbilder dieses Berges malen, meist von gedämpften Farben in starken Linien bestimmt. Brockenwirt Rudolf Schade übertrug Rettelbusch in den 1920er Jahren den Auftrag, Hexenklause, Fürsten- und Hindenburgzimmer des Hotels auszugestalten. Nach dem letzten Pinselstrich präsentierten sich in der „Hexenklause" ein wilder Schwarm dieser Unholde sowie des Teufels Großmutter. Mephisto hielt eine Ansprache an die Unterteufel während der Walpurgisnacht, dargestellt waren eine Hexenweihe und ein unheimlicher Märchenwald.

Am 8. Januar 1934 starb der Brockenmaler nach langer Krankheit. In der „Hexenklause" richtete man eine ständige Ausstellung mit insgesamt 60 seiner Werke ein, die aber Opfer des Krieges wurden.

Sogenanntes Russencamp (abgebaut 1994)

Vom Sperrgebiet zur Schutzzone

Auf dem Brockenrundweg

Sperrgebiet Brocken

Nach dem Zweiten Weltkrieg wurde der Brocken zur amerikanischen Enklave in der britischen Besatzungszone erklärt. Als sich hier im Anschluss an die Konferenz von Jalta die Sowjets breitmachten, verharrten die Amerikaner trotzdem auf dem Brocken wie auf einer einsamen Insel. Erst am 27. April 1947 räumten sie den Gipfel. Augenzeugen berichten, dass die GI's ein wahres Schlachtfeld hinterließen.

Neben dieser merkwürdigen US-Oase zwischen zwei fremden Besatzungszonen kommt noch eine Kuriosität auf das Konto der Konferenz im schönen Schwarzmeer-Jalta: Die Grenze wurde im Brockengebiet hinterher korrigiert. Schließlich konnte man beim Tortenschneiden in der fernen Ukraine nicht auf Krümel achten.

Dort ahnte man weder etwas von der Wurmbergschanze noch von der Brockenbahn, sondern richtete sich einfach nach alten Karten und den darin verzeichneten deutschen Ländern. Die am Konferenztisch ausgehandelte Demarkationslinie verlief damit scharf hinter der Sprungschanze, sodass die Sportler geradeso Platz zum Abschwingen nach der Landung hatten. Und die Brockenbahn schnaufte ungefähr 300 Meter über westliches Territorium. Diesen unhaltbaren Zustand glich man mit einem Gebietstausch nach beiden Seiten hin aus.

Nachdem die Amerikaner ihre Enklave verlassen hatten, führte hier einer der zahlreichen „inoffiziellen" Wege in den Westen entlang. Um den sogenannten _„illegalen Grenzverkehr"_ zu kontrollieren und einzuschränken, postierten die neuen Mächtigen im Osten Deutschlands ihre Knechte auf dem Brocken, wo 1951 eine Dienststelle der Volkspolizei entstand.

Bald darauf wurde mit der „Verordnung über Maßnahmen zwischen der DDR und den westlichen Besatzungszonen an der Demarkationslinie" der Brocken zur _**Sperrzone**_ erklärt. Wer vom Gipfel in die Runde blicken wollte, brauchte dafür fortan einen Passierschein, der aber an DDR-Bürger damals noch äußerst „großzügig" vergeben wurde. Hingegen hatten Westdeutsche das Nachsehen, denn für sie waren die Passierscheine nicht gedacht. Bis zur Errichtung des „Antifaschistischen Schutzwalls" in Berlin am 13. August 1961 besaßen also die Ostdeutschen noch ihren Brocken. Tausende kamen jedes Jahr herauf, die meisten zu Fuß, etliche aber schon mit den ersten Autos wie F 8 oder Trabant 500. Auch die Brockenbahn verkehrte wieder.

Ulbrichts Schutzwall in Berlin beendete gleichzeitig den Tourismus auf dem Brocken. Das Sperrgebiet fraß sich bis weit ins Land hinein, sodass es sogar Benneckenstein und Ilsenburg verschluckte. Elf Jahre später wurden die beiden Orte von dieser Last befreit; der Sperrgürtel der Staatsgrenze war ab da noch fünf Kilometer breit.

Der Brocken wurde gleich doppelt gemartert: Er gehörte in die **_Sperrzone der Staatsgrenze_** und wurde zusätzlich zum **_militärischen Sperrgebiet_** erklärt und zu einer Art Festung ausgebaut. Der eine Zeitlang grüne hölzerne (**_„Pfeffi-")Turm_** am unteren Rand des Plateaus in Richtung Heinrichshöhe hatte entgegen einigen Veröffentlichungen der jüngeren Brockenliteratur höchstens indirekt etwas mit den Mielke-Truppen zu tun. Die Sozialistische Einheitspartei Deutschlands nutzte den Turm als Richtfunkstation für ihr internes Telefonnetz. Jedes SED-Kreisleitungsgebäude besaß solche Technik.

Die Grenztruppen der DDR quartierten sich im Brockenbahnhof ein, die Sowjetarmee breitete sich auf dem zum Wurmberg zeigenden Plateau aus und das Ministerium für Staatssicherheit der DDR nistete sich in einer Etage des Fernsehsenders ein.

Der Stasi wurde es in den 1980er Jahren im Fernsehsender zu eng – vielleicht war die peinliche Nähe zu Zivilpersonen auch nicht mehr tragbar – und zog samt moderner Abhörtechnik in einen neu erbauten und 1985 vollendeten Betonklotz mit Antennenkuppel um. Im Volksmund hieß das hässliche Bauwerk nach der Brockenöffnung **_„Moschee"_**, da es kurioserweise tatsächlich an muslimische Sakralbauten erinnerte. Unter dem Kuppeldach befand sich hochempfindliche Technik, mit der die Profi-Horcher jeden erreichbaren UKW-Funk der alten Bundesrepublik mithörten. Vor allem waren diese „großen Ohren" zum vollständigen Überwachen sämtlicher, zwischen der BRD und Westberlin geführter Telefongespräche gedacht, die mittels Funkbrücke von Torfhaus gesendet wurden.

Reste der Antennenanlagen können noch in der Kuppel besichtigt werden. Das gesamte Gebäude ist zum **_modernen Nationalparkhaus_**, dem „Brockenhaus" umgebaut wor-

Der wegen seines grünen Anstrichs sogenannte *„Pfeffi-Turm"* diente der SED als Richtfunkanlage; Abriss 1998

den. Es bietet auf drei Etagen eine abwechslungsreiche Ausstellung zum Nationalpark und zum Brocken.

Auf dem höchsten Punkt des Brocken befand sich noch bis 30. März 1994 eine Einheit der **GUS-Streitkräfte** (Gemeinschaft einiger ehemaliger Sowjetrepubliken), die hier ebenfalls mehrere Kunststoffkuppeln aufgestellt hatten. Unter ihnen verbarg sich allerdings ganz konventionelle, fahrbare Radartechnik, die normalerweise völlig frei hätte stehen können. Aber wegen der besonderen klimatischen Bedingungen auf dem Brocken brauchten die dunkelgrünen, radarbesetzten LKW die schützenden Kunststoffkuppeln.

Auf einem 1985 aufgenommenen Foto des Bundesgrenzschutzes sind diese Kuppeln bereits zu sehen. Von der jüngsten und größten stand

Durch ein technisches Missgeschick gelangte am 29. April 1960 von 12.30 bis 12.32 Uhr das Programm des ARD-Fernsehens auf DDR-Frequenz. So sahen selbst eingefleischte Genossen kurzzeitig das verhasste Westfernsehen.

damals jedoch lediglich das Fundament. Diese Kuppel, die hinter dem neuen Fernsehsender gestanden hat (auch sie ist im Zuge der Renaturierung der Brockenkuppe abgetragen worden), diente ebenfalls der Funküberwachung. 1991 hatte sich hier das Brockenmuseum etabliert.

1978 gab es bereits den Gedanken, eine **massive Mauer** rings um den unteren Rand des Plateaus zu ziehen. Kurzzeitig soll damals so-

Brockenplateau bereits ohne Mauerring (1991)
Das Bild zeigt im Wesentlichen den Bebauungszustand Ende der 1980er Jahre

Unter den vor Kälte und Sturm
schützenden Kunststoffkuppeln
stand die russische Radartechnik

gar schon gebaut worden sein. Drei Jahre später ging es dann richtig los. Entgegen allen zaghaften Warnungen von Experten, karrten Züge der Brockenbahn Rübeländer Kalkstein auf den Gipfel. Dieser rauhe Schotter diente den einzelnen Mauersegmenten als (wahrscheinlich relativ preiswertes) Fundament. Allerdings schadete das brockenfremde Gestein der typischen Mattenvegetation des Granitgipfels sehr. Zu allem Unglück scheuten sich die Bauherren damals nicht einmal, Teile des Plateaus zu planieren und mit Schotter einzuebnen.

Per Eisenbahn gelangten große Betonbauelemente in den Abmessungen 3,50 x 1,10 Meter bis zum Bahnhof Elend, wo man sie auf gewaltige Tieflader umlud. Die PS-Riesen ackerten die Teile hinauf zur „Baustelle Brocken". Hier mussten die winkligen Bausteine nur noch zu einer Mauer verbunden werden.

1985 war der Betonring geschlossen. Rein äußerlich war er mit der Mauer in Berlin nicht zu vergleichen, wirkte eher dilettantisch und not-

Sendeanlagen und Wetterwarte (1990)

dürftig zusammengestückelt. Am 6. Mai 1991 begann die Bundeswehr mit dem Mauerabbau, der sich noch über den Sommer bis zum 7. Oktober hinzog.

Die eigentliche Mauerfunktion, wie sie von Berlin her bekannt war, erfüllten im Brockengebiet die berüchtigten *Grenzzäune mit den Schutzstreifen* davor. 1980 wurde sogar begonnen, eine Lichtschneise entlang dieses Streifens einzurichten. Eine äußerst aufwendige Unternehmung, die man zwei Jahre später wieder aufgab. Dafür sollten *scharfe Wachhunde* die Staatsgrenze im Brockengebiet sichern.

An einer etwa fünf Meter langen Leine, die über eine Rolle etwa 50 Meter entlang des Zaunes Bewegungsfreiheit ließ, hingen diese erbarmungswürdigen Kreaturen und kläfften und heulten in die Nächte. Ob Sommer oder Winter, gleißende Hitze oder klirrender Frost – die scharf abgerichteten Tiere hatten hier auszuharren.

Besonders anfangs kam es vor, dass sich zwei dieser Tiere – meist Schäferhunde, manchmal auch Rottweiler – ins Gehege kamen und heftig attakierten. Daraufhin stellten die Verantwortlichen der Grenztruppen die Längen der Laufleinen mit

---

„Ihren Ausweis bitte!" Ich schaue auf und beginne nach einem Seufzer der Erkenntnis in der Brusttasche meiner Jacke nach meinem Portemonnaie zu suchen. Ich reiche meinen blauen Ausweis hinüber.
„Wohin wollen Sie?" – „Nach Wernigerode."
„Und was wollen Sie da?" – „Meine Verlobte besuchen."
„Wo wohnt die?" – „Burgberg 13."
„So, so. Und wie kommt man dahin?"
Ich erkläre den kürzesten Fußweg detailliert. Mein grimmiges vis-à-vis bleibt grimmig, hört endlich auf, mein Personaldokument wie ein Fingerkino ständig neu zu durchblättern und gibt mir den Ausweis zurück. Noch einmal kriecht ein schlitzäugiger Blick an mir hinab und wieder hinauf, dann schlurft der Transportpolizist o-beinig weiter; die Hände auf dem Rücken verschränkt.
Magdeburg, Hauptbahnhof, Bahnsteig 10, 1986.
Wer zu DDR-Zeiten mit dem Zug reiste und auch nur andeutungsweise in die Nähe der ehemaligen Staatsgrenze zur BRD kam, kennt Szenen wie diese zur Genüge. Freilich wurde in Zubringerzügen wie nach Halberstadt, Wernigerode oder Nordhausen nicht jeder auf diese Weise von den Blauröcken belästigt. Doch waren zum Beispiel alleinreisende junge Männer die Hauptangriffsziele der Geier im Staatsdienst. Auf diese Theorie konnte man Wetten abschließen. So mussten manche unbescholtenen DDR-Bürger regelmäßig solch nervige Fragerei ertragen. Wer in Grenznähe wohnte, hatte ab dem Vorzeigen des Ausweises seine Ruhe.

Der Antennengittermast für die Telefonspionage der DDR und der Bungalow des Grenztruppen-Generals

preußischer Exaktheit so ein, dass sich die Tiere zwar nicht mehr erreichen, einen zwischen zwei Hunden hindurchlaufenden „Flüchtling" jedoch packen und verletzen konnten.

Der Bau von einem Kilometer Hundelaufanlage verschlang 23 000 DDR-Mark. Verglichen mit dem Bau von nur einem Kilometer Grenzmauer war der Betrag kaum der Rede wert, denn hierfür gaben die DDR-Oberen 830 000 Mark aus. Minen gab es im Brockengebiet nicht. Diese sind vor allem im Eckertal, im Vorharz und in der Gegend von Elend und Sorge ausgelegt worden.

Obwohl längst nicht jeder fleißige Werktätige ins Sperrgebiet nach Schierke zur Erholung fahren durfte, kam es nicht selten zu sogenannten Vorkommnissen durch Touristen, die man ein paar Meter hinter dem Sperrschild als „Provokateure" aufgriff oder die auf einer Wanderung ihren Passierschein im Ferienheim vergessen hatten. Meistens wurden diese Urlauber sofort aus dem Ort gewiesen. Manchmal war damit sogar eine Geldstrafe verbunden. Der fleißige Werktätige musste ferner damit rechnen, dass die „Tat" bereits der Betriebs-, Partei- und Gewerkschaftsleitung daheim gemeldet worden war.

Ähnlich wie sich die „Brockenbewohner" per Betonmauer von der Außenwelt rings um den Gipfel isoliert hatten, zogen sie innerhalb dieser Festung zusätzliche „Grenzen". Die Stasi schottete sich von den Sowjetsoldaten ebenso ab wie von den DDR-Grenztruppen. Es gab sogar festgelegte Wege, von denen man nach Möglichkeit nicht abweichen sollte. Besonders die Zivilbeschäftigten des Brocken – Mitarbeiter des Fernsehsenders oder der Wetterwarte – hatten sich strikt an diese Trassen zu halten.

Eine kleine, unscheinbare Holzhütte auf dem Gelände des Brockengartens verwandelte sich Anfang der 1980er Jahre in eine *__Luxusdatsche für einen Grenztruppen-General__*. Wetterwart Gottfried Glenk sah hier Handwerker ein- und ausgehen, die in dem Häuschen Bad, Klärgrube und Nachtspeicheröfen einbauten. Es wurden eigens dafür neue Elektro- und Wasserleitungen verlegt. Glenk: „Den General habe ich hier oben jedoch nie gesehen."

Dafür bekam Gottfried Glenk eines stürmischen Wintertages unverhofft Besuch, der ihm hinterher noch dienstlichen Ärger einbrachte. Um die dicken Steinwände der Wetterwarte pfiff mit Windstärke 11 der Sturm und trieb stechende Schneewolken über den Gipfel hinweg, als es unten an der Tür klingelte. Der damalige DDR-Außenminister Oskar Fischer wollte „nur einmal 'Guten Tag' sagen und sich ein bisschen aufwärmen".

Schon wegen des Unwetters ließ ihn Glenk ohne Umschweife eintreten. Das war freilich völlig falsch. Zuerst hätte der Wetterwart die persönlichen Daten des Ministers notieren,

Am Ortsausgang von Schierke standen die **Kasernen der ehemaligen Grenztruppen der DDR**. Hier waren die Soldaten und Unteroffiziere untergebracht, die gerade nicht im Brockenbahnhof ihren Dienst versahen. Auf dem Plateau befanden sich selten mehr als 15 Soldaten und einige Offiziere.

diese dann telefonisch zur übergeordneten Dienststelle nach Potsdam melden und auf eine Entscheidung von dort warten müssen. Fischer wären in dieser Zeit vermutlich die Füße angefroren.

Ehemaliger Grenzzaun auf dem Goetheweg (1989)

Brocken-Öffnung

Im November 1989 öffneten sich Grenzzäune und Mauern, um eine Flut von Menschen gen Westen branden zu lassen. Wanderungen im Brockengebiet waren wieder möglich, ohne Passierschein und Repressalien. Doch zunächst endete die Besteigung des Berges an der Brockenmauer. Das militärische Sperrgebiet durfte nicht betreten werden.

Dagegen liefen die jungen demokratischen Gruppen auch sofort Sturm. Ein unter Federführung des Neuen Forum organisierter Sternmarsch brachte am 3. Dezember 1989 Tausende Menschen sowohl aus Schierke als auch aus Ilsenburg auf dem Brockengipfel zusammen. Ein Grenztruppen-Offizier hatte bereits am Vormittag die ersten Wanderer mit der Information abgespeist, dass man zur Zeit prüfe, ob sich das militärische Sperrgebiet verkleinern ließe. Dann könnten vielleicht Brockengarten, Bahnhof und Wetterwarte öffentlich zugänglich werden. Enttäuscht waren die Wanderer daraufhin abgezogen.

Die Massen der Sternwanderung ließen sich so nicht fortschicken. Lautstark skandierten sie: „Aufmachen! Aufmachen!" Transparent-Texte forderten freien Zugang zum Brockenplateau und Mitarbeiter der Wetterwarte entrollten ein Bettlaken an ihrem Holzturm mit der Aufschrift „Mauer weg!".

Um 12.45 Uhr geschah dann das Unglaubliche. Ein Mitglied des Rot-Kreuz-Bergunfalldienstes verkündete der wartenden Menge: „Das Tor wird geöffnet." Die zehn anwesenden Grenzsoldaten seien freigestellt, um für einen „geordneten Aufenthalt" der vielen unerwarteten Besucher zu sorgen; unbewaffnet

Die Teilnehmer des Sternmarsches erzwangen die Öffnung am 3. Dezember 1989

selbstverständlich. Die Menschen jubelten und feierten anschließend bei herrlichem Sonnenschein und guter Sicht noch stundenlang auf dem Plateau.

Die Grenztruppen kümmerten sich fortan nur noch darum, wie sie das von ihnen besetzte Gebiet des Brockenplateaus am besten und schnellsten räumen konnten. Am 29. Januar 1991 war es dann so weit: Mit dem Abzug aller Soldaten und Offiziere endete das Brockenkapitel der Grenztruppen-Geschichte.

Der Bahnhof ging sofort in den Besitz der Deutschen Reichsbahn über, da ihr de facto seit der Enteignung die ehemals privaten Harzer Schmalspurbahnen gehörten. Im selben Atemzug unterzeichneten ein Justiziar der Reichsbahn und der neue Brockenwirt Hans Steinhoff auf einer grobschlächtigen Holzbank im Brockenbahnhof einen Vertrag über die Bewirtschaftung. Die Deutsche Reichsbahn sah sich von der Lawine der Aufgaben überrollt und gezwungen, das Bahnhofsgebäude vorläufig in fremde Hände zu geben. In zähen Verhandlungen gelang es Steinhoff, mit der Reichsbahn einen langfristigen Vertrag zur „Eröffnung einer privatwirtschaftlich organisierten Gaststätte" zu schließen. Bereits Anfang Februar standen im Brockenbahnhof 80 Sitzplätze zur Verfügung, auf denen sich die Wanderer bei heißer Suppe, Bockwürstchen oder belegten Broten sowie Tee, Kaffee, Grog und Glühwein aufwärmen und stärken konnten.

Der Brocken wurde der Anziehungspunkt im Harz. Trotz Schnee und eisiger Kälte zog es beispielsweise im Februar 1991 allein an einem Wochenende 15 000 Menschen auf den höchsten Gipfel Norddeutschlands. An sonnigen Sommerwochenenden werden inzwischen bis zu 30 000 Gäste gezählt.

10. Jahrestag der Brocken-Öffnung

Vom Technotop zum Biotop

Mit der „Befreiung" des Brocken begann seine Befreiung von den zahlreichen Bauten aus der Zeit des Kalten Krieges. Regie führte jetzt der „Nationalpark Hochharz", dessen Entstehung noch in der letzten Volkskammersitzung der DDR im August 1990 beschlossen worden war.

Knapp 6 000 Hektar Harz inklusive Brocken sind per Verordnung von 1990 als „Nationalpark Hochharz" unter Schutz gestellt worden. 1994 kam der niedersächsische „Nationalpark Harz" hinzu. Das Gebiet vom „Hochharz" wurde in drei Zonen eingeteilt. Die höchste Schutzzone – Kernzone – die möglichst von keinem Menschen mehr betreten werden sollte, befindet sich rund um den Brocken.

Die sogenannte „Renaturierung der Brockenkuppe", der Rückbau zugunsten der Natur, war damit beschlossene Sache. Zuerst verschwand die drei Meter hohe und rund 2 500 Meter lange Betonmauer, die das Plateau einschloss. Vorgelagerte Stacheldrahtzäune folgten. Dann wurden Wachtürme, Antennenmasten, Radaranlagen und Kuppeln abgerissen.

Ab Mitte der 1990er Jahre war eine Fusion der beiden Nationalparks im Gespräch, deren Realisierung sich aber bis Dezember 2005 hinzog. Jetzt besteht auf insgesamt 24 700 Hektar mit dem Brocken als Zentrum nur noch der vereinte Nationalpark Harz.

Nach dem Abzug der GUS-Truppen

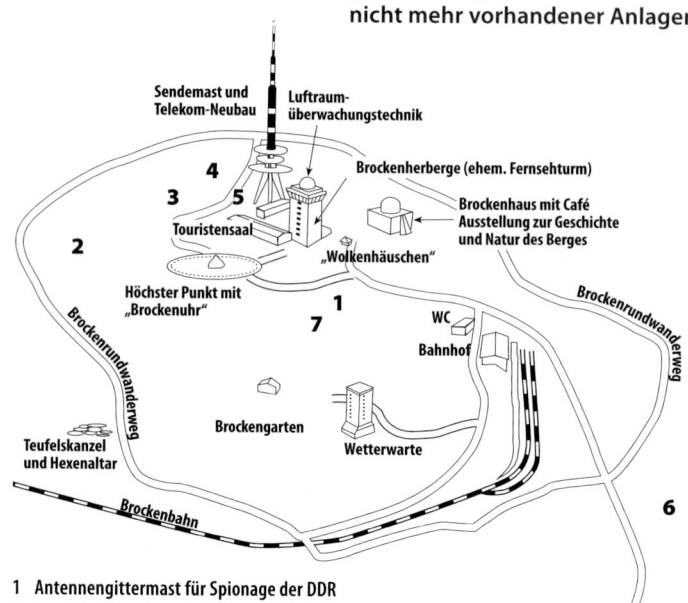

Heutige Bebauung mit den Standorten nicht mehr vorhandener Anlagen

Sendemast und Telekom-Neubau

Luftraum-überwachungstechnik

4

3 5

2

Touristensaal

Höchster Punkt mit „Brockenuhr"

Brockenrundwanderweg

Teufelskanzel und Hexenaltar

Brockenbahn

Brockenherberge (ehem. Fernsehturm)

Brockenhaus mit Café
Ausstellung zur Geschichte und Natur des Berges

„Wolkenhäuschen"

1

7

WC

Bahnhof

Brockengarten

Wetterwarte

Brockenrundwanderweg

6

1 Antennengittermast für Spionage der DDR
2 Kunststoffkuppeln mit Radartechnik der Sowjetarmee
3 Antennenhäuser des Ministeriums für Staatssicherheit der DDR (MfS)
4 Grenzbeobachtungsturm
5 MfS-Antennenkuppel (später provisorisches Brockenmuseum)
6 Funkstation für SED-internes Telefonnetz („Pfeffi-Turm")
7 ehemalige meteorologische Messstation (2013 abgerissen)

Von den in der DDR-Zeit errichteten Bauten blieb nur die „Brockenmoschee" erhalten. Nachdem die Stasi-Altlasten aus dem Haus entfernt worden waren, zog 1993 das Brockenmuseum ein. Sieben Jahre später war das gesamte Gebäude zum Nationalparkhaus, dem „Brockenhaus" umgebaut. Das Land Sachsen-Anhalt investierte dafür rund fünf Millionen Mark.

Obwohl sich der Brocken im Dezember 1989 für die Besucher geöffnet hatte, galt dies nicht für eine rund 25 000 m² große Fläche mit dem höchsten Punkt in der Mitte. Dort befand sich das sogenannte „Russencamp". Zehn bis zwanzig Soldaten patrouillierten hier täglich. Sie gehörten zu einer in Quarmbeck bei Quedlinburg stationierten Gruppe. Am 30. März 1994 verließen die russischen Soldaten den Gipfel. Die Fläche ging für die symbolische Mark vom Bund an den Nationalpark Hochharz. Die Militäranlagen wurden anschließend abgerissen und die Fläche umgestaltet.

Brockenuhr

Die Brockenuhr hat nur 48 Minuten und vier Stunden. An ihr drehen sich keine Zeiger und in der Mitte hockt statt eines Uhrwerks ein Felsbrocken. Der wiederum kann auch keine Uhrzeit anzeigen, sondern die Höhe des Berges mit einer Pfeilmarkierung. Wie bei vielen Dingen auf diesem Gipfel hat also auch die Uhr auf dem Brocken ihre Besonderheiten.

Am 26. August 1997 fuhren schwere Baufahrzeuge auf den Harzgipfel. Im Gepäck hatten sie sechs überdimensionale Granitfindlinge. Ein 40-Tonnen-Kran setzte die Steine zu einem Ensemble zusammen, das nun den Gipfelpunkt markiert.

In einem Kreis von 30 Metern Durchmesser wurden auf dem Boden um den Granitfelsen 48 metergroße Bronzetafeln ausgelegt und montiert. Sie zeigen Richtungen und Entfernungen zu markanten Punkten, nahen oder fernen Bergen und Städten rundherum an. Weitere vier Tafeln weisen als Pfeilspitzen in die vier Himmelsrichtungen.

Der größte Stein, ein etwa 19 Tonnen schwerer Granitblock, trägt eine Bronzetafel mit der Aufschrift „Brocken 1 142 m" und einer Markierung in eben jener Höhe. Eingeweiht wurde die Brockenuhr am 3. Oktober 1997 durch Politprominenz vor einigen hundert Schaulustigen. Der Nationalpark schloss damit das Kapitel „Renaturierung des Gipfelpunktes" feierlich ab.

Um die Gipfelgestaltung hatte es bis zuletzt Meinungsverschiedenheiten in der Region gegeben. So favorisierten Wanderführer des Harzklubs das Aufstellen eines einzelnen Granitblocks. Zur Wahl standen die Steine, die jeweils zwischen 50 und 70 Tonnen wogen. Doch auf der Brockenstraße sind nur 15 Tonnen zugelassen und ein Hubschraubertransport war zu kostspielig. Als Alternative einigte man sich auf die etwas kleinere Steingruppe. Zu den Akten gelegt wurden auch Pläne, nach denen die Steine mit tanzenden Hexen- und Teufelsskulpturen versehen werden sollten.

Inzwischen flanieren die Brockenbesucher gern entlang der Bronzeta-

Die Granitblöcke werden gesetzt

feln, erfahren dann zum Beispiel, in welcher Richtung Magdeburg, Berlin, der Kyffhäuser, der Wurmberg oder gar Madrid und Warschau liegen und wie weit man als Vogel bis dorthin fliegen müsste. Bei klarem Wetter geben die Tafeln eine gute Orientierungshilfe, denn viele der angegebenen Punkte können dann vom Brocken auch gesehen werden. Und schließlich braucht man ja ein Gipfelfoto fürs Familienalbum – was passt da besser als der Granitfelsen mit Höhenangabe!

Schema der Brockenuhr

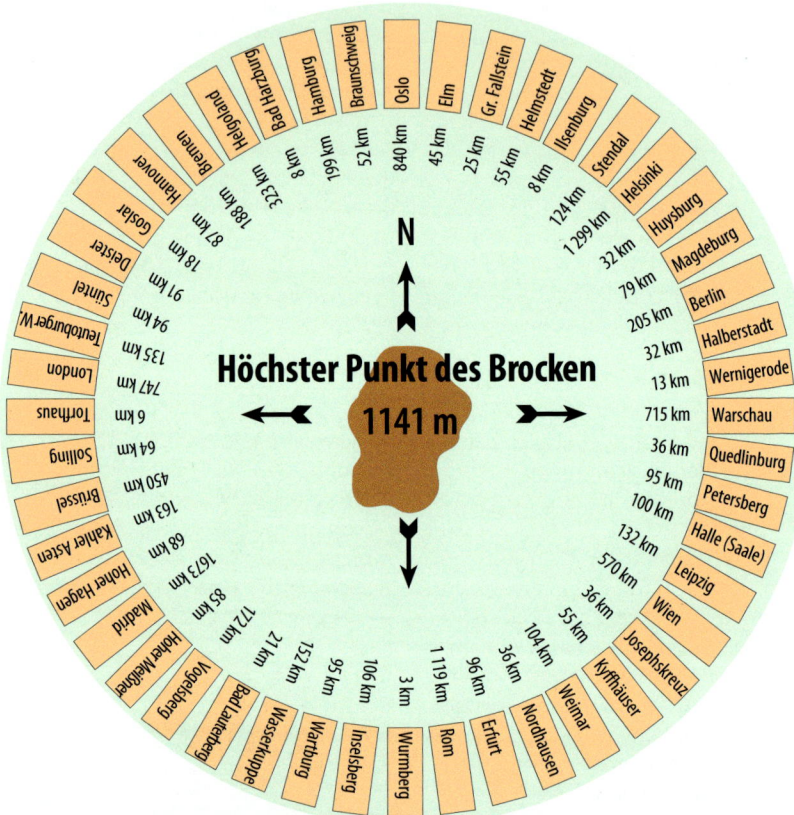

Die Höhe des Brocken beträgt tatsächlich 1 141 Meter. Seit Mitte der 1990er Jahre gilt dies als offizieller Wert. In die auf dem höchsten Punkt errichtete Felsgruppe wurde für Gipfelfotos eine Tafel eingelassen, die mit einem Strich optisch die Höhe 1 142 Meter markiert und daran erinnert, dass jahrzehntelang diese nicht korrekte Bergeshöhe publiziert wurde.

Auf der „Brockenuhr"

Exakte Höhenangabe. 1997 stiftete eine Medien-Meldung Verwirrung: Laut aktuellen Messungen sei der Brocken eigentlich nur etwas über 1 141 Meter hoch. Wie das?

Ein Blick in die Geschichte brachte Klarheit. Der Preußische Generalstab kam beim Vermessen des Berggipfels 1849 auf das gleiche Ergebnis: 1 141,091 Meter. Die Preußen hatten aber später auch die Höhe 1 142,273 Meter gemessen. Diese Angabe bezog sich allerdings auf die Spitze eines etwa meterhohen Steinpfeilers, der als Messpunkt diente.

Zwar war dieser schon kurz vor dem Mauerfall nicht mehr vorhanden, aber über viele Jahrzehnte stand auf allen Karten die gerundete Höhe von 1 142 Metern. Die wollten sich die Harzer natürlich nicht mehr nehmen lassen. Also „hob" die neue Felsgruppe den Berg wieder an. Die Bronzetafel „Brocken 1 142 m" montierte man mit einer Strichmarkierung exakt auf diese Höhe.

Das Dilemma dieses Gipfelsteines besteht nun allerdings darin, dass sich diese unnötig verkomplizierende Art der Höhenangabe kaum jemandem erschließt. Und nachdem sich in den ersten Jahren die tatsächliche Höhe von 1 141 Metern in der Öffentlichkeit durchsetzte, muss man leider verzeichnen, dass inzwischen wieder die falsche Höhe von 1 142 Metern vermehrt verwendet wird.

Brockenpost

Auf unerschlossenen Märkten regiert die Improvisation. Über viele Jahrzehnte hinweg zeigte die Post kein Interesse am Brockenhaus als Versandstelle. Ansichtskarten und andere Postsendungen konnte man, dank des Engagements der Brockenwirte, dennoch dort oben mit der Gewissheit in den Briefkasten werfen, dass die Sendungen ihr Ziel erreichen würden. Irgendwann waren die Wirte jedoch mit der zusätzlichen Arbeit überfordert.

Schließlich eröffnete die Post am 15. Mai 1875 die erste Agentur im Brockenhaus. Nur während der Saison, meist bis Ende September, saß hier ein Postbeamter, der Briefen, Päckchen und Karten den Tagesstempel aufdrückte. Im ersten Jahr gingen vom Brocken aus etwa 600 Postsendungen auf die Reise, Ansichtskarten ebenso wie Einschreiben. 1906 wiesen die Bücher bereits den Versand von allein 314 325 Postkarten aus. 1960 zählte man sogar knapp eine halbe Million.

Postbürokratisch war die Agentur auf dem Brocken zunächst der Ilsenburger Dienststelle zugeordnet, die Versand und Zustellung organisierte. Ab 1. August 1882 übernahm das Amt in Schierke diese Aufgaben. Mit dem Text des Poststempels hatte dies allerdings nichts zu tun, denn als Ort der Entsendung war auf der entwerteten Briefmarke „Brocken" zu lesen. Insgesamt kreierte die Post für die Agentur auf dem Brocken fünf verschiedene Stempel, von denen der letzte bis zum 20. April 1945 aufgeschlagen wurde. Anschließend gehörte nicht nur der heute bei Sammlern sehr begehrte Stempel der Vergangenheit an, sondern das gesamte Postamt.

Als nach dem Krieg der Tourismus wieder in Gang kam, war es zwar möglich, Postkarten und andere Sendungen hier oben aufzugeben, doch gestempelt wurden sie im Postamt Schierke. Ein schwacher Trost blieb da eine Brocken-Sonderbriefmarke, die die Deutsche Post der DDR kurz vor dem Mauerbau auf den Markt brachte.

Nach 1990 sammelten Brockenwirt-Mitarbeiter viele Jahre die auf dem Gipfel geschriebenen und frankierten Postkarten und nahmen sie mit nach Schierke zu einem Briefkasten. Da die Brockenpost schließlich auf Grund von Rationalisierungen nicht einmal mehr einen Schierke-Stempel erhielt, gründeten die Verantwortlichen der Deutschen Post und der Harzer Schmalspurbahnen eine Kooperation. Seit 19. März 2016 schluckt auf dem Brockenbahnhof wieder ein Briefkasten Karten mit den Gipfelgrüßen, die obendrein einen HSB-Brocken-Sonderstempel bekommen.

Kremser-Parkplatz an der Brockenstraße

▶ Brocken besteigen und erleben

Auf dem Goetheweg

Das Brockenhaus

Wie wäre es mit einem Brockenmuseum in einer ausgedienten Radarkuppel? 1991 ergriff der damalige Leiter des Harzmuseums in Wernigerode Dr. Horst Scheffler die Initiative und setzte mit einigen ABM-Kräften die Idee eines Museums in die Tat um, zumindest provisorisch.

Ab 1. Juni 1991 konnte man in der alten Kuppel auf Schautafeln Wissenswertes über die Brockennatur und die alten Grenzanlagen erfahren. Außerdem wurden das älteste Stück Schiene der Brockenbahn sowie Original-Abhörtechnik gezeigt.

Das erste Brockenmuseum, als Teil des Wernigeröder Harzmuseums, entwickelte sich schnell zu einem Besuchermagnet. Rund 125 000 Menschen sahen sich zuletzt jährlich

Radarkuppel als Museum (1991)

die kleine Ausstellung an. Allerdings war der Dienst im Museum höchst ungemütlich im rauhen Brockenklima, denn die Kuppel aus Glasfasern und Kunststoff ließ sich nicht beheizen und war auch nicht isoliert.

Am 1. Juni 1993 zog das Brockenmuseum dann in das einstige Stasigebäude um, das inzwischen dem Land Sachsen-Anhalt gehörte. Auf einer Etage des dreistöckigen Kuppelbaus richteten Museumsleiter Gerd Borchert und seine Mitarbeiter die Ausstellung ein. Sie informierte noch umfassender über die Geschichte des Berges, über die Mystik um Hexen und Teufel sowie über die Entwicklung des Nationalparks Hochharz, unter anderem mittels mehrerer Modelle zur Bebauung des Berges.

Nachdem die Landesregierung in Magdeburg bereits 1993 den Umbau der Radarkuppel angekündigt hatte, begannen die Arbeiten endlich 1998. Mit mehreren Verzögerungen wurde das „Brockenhaus" im Juni 2000 eröffnet. Ein gläserner Anbau, der über alle drei Etagen reicht, ermöglicht einen weiten Blick über den Harz und das Umland.

Eine Multimediaschau macht Naturschauspiele, wie ein uriges Brockengewitter mit Blitz und Donner, hinter Glas erlebbar. Auch ein eige-

Modernes Brockenhaus

nes Video kann man sich produzieren lassen. Per Bluebox-Technik wird man als Brockenhexe in einen Brockenrundflug hineinprojiziert. Das „Brockenhaus" will Wissenswertes zu Geschichte, Mystik und Natur des Brocken ebenso wie die Geschichte und Philosophie des Nationalparks Harz vermitteln.

Neben den Ausstellungsräumen gibt es auch ein kleines Café sowie Unterkünfte für Nationalpark-Ranger und Mitglieder der Bergwacht. Die Kuppel auf dem Dach mit Resten der alten Horchantennen ist ebenfalls zu besichtigen. Bei schönem Wetter kann der Besucher von dort aus nach draußen gehen und vom Dach des Hauses einen weiten Rundblick genießen.

2016/17 wurden Gebäude und Ausstellung abermals umgebaut.

Ein kleines **Nationalparkhaus**, in dem man sich auf seine Brockenbesteigung vorbereiten kann, steht seit Ende 2008 an Schierkes Ortsausgang Richtung Brocken. Ein neues großes Informationszentrum mit moderner Exposition für den gesamten Nationalpark wurde am 2. Januar 2009 in Torfhaus direkt auf dem Großparkplatz eröffnet.

Brockengarten

Hermann Löns war begeistert. Genau dort, wo man am wenigsten Pflanzen vermutete, traf man sie an: direkt auf der unwirtlichen Brockenkuppe, und zwar im alpinen Brockengarten. Bei den vielen Wanderungen auf den berühmten Berg während seines Wernigerode-Urlaubs 1907 sah er sich voller Bewunderung in der kleinen Anlage um.

Wieder in den heimatlichen Redaktionsstuben setzte sich der Heide-Dichter öffentlich für den Erhalt dieser hauptsächlich von staatlichen Zuschüssen getragenen Einrichtung moderner botanischer Forschung ein. Zu diesem Zeitpunkt war der Brockengarten längst nicht mehr neu.

Bereits in den 1980er Jahren erkannte der Göttinger Professor Dr. Albert Peter die besonderen klimatischen Bedingungen des Brocken als ideale Voraussetzung für einen alpinen Versuchsgarten. Der höchste Harzgipfel liegt so frei im Norden Deutschlands, dass er besonders

Brockenanemone

schutzlos den heftigen Westwinden ebenso wie allen anderen Unwettern ausgesetzt ist. Experten vergleichen die klimatischen Verhältnisse auf dem Brocken (1 141 m) mit 1 700 bis 1 800 Meter hohen Bergen mitten in den Schweizer Alpen. Das ungewöhnlich rauhe Klima auf dem Harzgipfel lässt auch nur ungewöhnlich widerstandsfähige Pflanzen zu. So liegt die Baumgrenze hier eben schon bei etwa 1 100 Metern, in den Alpen hingegen erst in wesentlich höheren Lagen.

Vom Anlegen eines botanischen Versuchsgartens versprach sich der Wissenschaftler der Universität Göttingen, mehr über die Geschichte und die Ökologie der Pflanzen zu erfahren. Dies sollte über den Umweg der Erforschung der Anpassungsfähigkeit von Alpenpflanzen an die Bedingungen auf dem Brocken geschehen. Am 8. Juni 1890 war es so weit: Der Brockengarten wurde eröffnet.

Von Anbeginn wollte Professor Peter in dem kleinen Terrain gleich neben dem heutigen Standort der Wetterwarte nicht nur klammheimlich forschen, sondern auch den Brockenbesuchern die Schönheit der alpinen Pflanzenwelt näherbringen. So konnten Naturliebhaber, wie bei-

Brockengarten

spielsweise Hermann Löns, hier ihre Leidenschaft ausleben. Allerdings verlief dies bis 1911 nicht ganz unbürokratisch, denn erst seit jenem Jahr waren für den Brockengarten Eintrittspreise und Öffnungszeiten festgelegt. Jeweils vom 1. Juni bis 31. August stand die Freiluft-Gewächsanlage jedermann offen.

Nicht alle Staatsdiener zeigten Verständnis für die kostspielige Pflanzensammlung auf dem Brocken, manche geizten mit den nötigen Geldern. So sahen die behüteten Pflänzchen auch schlechte Zeiten – die jüngste und längste

Der Erfolg des Versuchsgartens auf dem Brocken sprach sich in ganz Europa herum, sodass es sehr bald ähnliche Anlagen unter anderem in der Schweiz, in Frankreich, Italien, Österreich und Deutschland gab.

Periode währte von 1971 bis 1989. Vom einst künstlich angesiedelten Pflanzenbestand war fast nichts übrig geblieben, da sich die bodenständige Vegetation ihr ehemaliges Terrain zurückerobert hatte. Nur ein schwacher Trost blieb das Bemühen der Martin-Luther-Universität Halle und der ehemaligen Kreisnaturschutzverwaltung Wernigerode, trotz Sperrgebiet und Kaltem Krieg die botanischen Versuche auf den Zeterklippen (929 m), gegenüber dem Brocken, weiterzuführen.

Die Stunde der Wiedergeburt kam für den Brockengarten am 9. Juni 1989. Zu einer Arbeitsberatung trafen sich Vertreter der Martin-Luther-Universität Halle, der Georg-August-Universität Göttingen und des Staatlichen Forstbetriebes Wernigerode. Schon bald darauf brachten die neuen Betreiber die Beete in Ordnung, da unbedingt zum 100. Geburtstag der Anlage ein blühen-

Regelmäßig von Mai bis Oktober bieten die fachkundigen „Brockengärtner" *Führungen* an. In den steinigen Beeten gedeihen Pflanzen der Alpen, des Kaukasus oder des Himalaja und ebenso unscheinbare Arten aus den Hochgebirgen Nordamerikas oder aus arktischen Regionen sowie die Brockenanemone.

Im Frühjahr und Sommer lassen sich wieder Einköpfiges Ferkelkraut, Rispiger Steinbrech, Primelartiger Mannsschild und die Herzblättrige Kugelblume bewundern. Diejenigen, denen diese speziellen Arten zu speziell sind, können sich auch ganz trivial an Wegerich, Edelweiß und Enzian erfreuen.

Die bekannteste Brockenpflanze blüht von Anfang Mai bis Anfang Juni. Im Nationalpark läuft ein Langzeitprogramm zur Wiederansiedlung und Ausbreitung der *Brockenanemone*. Schon seit etlichen Jahren findet man sie nicht nur im Garten, sondern auf der gesamten Kuppe vor. Nach dem Abriss der meteorologischen Messstation 2013 unterhalb der Brockenuhr wurde das Projekt auf dieses Gebiet bereits erfolgreich ausgedehnt.

der Garten einladen sollte. Nur etwa einhundert der besonders robusten Pflanzenarten hatten die Zeit ohne Pflege im Brockengarten überstanden. Heute zählt der Garten nach intensiver Hege rund *1 800 verschiedene Arten* von Hochgebirgspflanzen aus aller Welt. Viele von ihnen stehen unter strengem Schutz.

Brocken-Sportereignisse

Die herausragenden Sportereignisse am Brocken sind die tollkühnen. Dazu zählt die spektakuläre Aktion des *Kunstfliegers Fritz Jaschinski*, der am Morgen des 30. August 1926 in Quedlinburg den Rotor seines *einmotorigen Doppeldeckers* anwarf und mit seiner Frau gen Brocken startete. Pünktlich um 9 Uhr setzte die fliegende Kiste zur Landung auf dem Plateau an, bei einem Gegenwind übrigens, der die Stärke sechs bis sieben erreichte. Jaschinski platzierte seinen Flieger dennoch sicher auf eine kleine Wiese von zehn Metern Breite und 60 Metern Länge und wurde von einer wartenden Menge jubelnd empfangen. Den Rückflug trat er um 15 Uhr aus Sicherheitsgründen allein an. Das Schicksal gab ihm auf tragische Weise recht: In Quedlinburg setzte er zwar noch unversehrt auf, eine Woche später verunglückte er bei einer Flugschau im schlesischen Sagan tödlich.

Fluglehrer Willi Steinkrauss aus Halberstadt konnte ein halbes Jahr später zwar nicht mehr als erster Pilot auf dem Brocken landen, aber als erster im Winter! Gemeinsam mit einem Flugschüler startete er am 6. Februar 1927 um 9.15 Uhr in Halberstadt, um ebenfalls komplikationslos bis zum

Brocken zu fliegen. Nur die Landung ging nicht so glatt über die hochgelegene Bühne wie erhofft: Ein Rotor der 35-PS-Maschine stieß in den Schnee und wurde dabei beschädigt. Vorsichtshalber demontierte man das Flugzeug in viele Einzelteile und schaffte sie nach Wernigerode. Auf dem ehemaligen Flugplatz am Veckenstedter Weg wurden sie zusammengebaut und Steinkrauss flog zurück nach Halberstadt.

1931 überflog zum ersten Mal ein *Segelflugzeug* den Gipfel, am 2. August 1935 landete sogar ein Segler dort oben. Mit einem *Gleitschirm* segelte Anfang August 1990 der damals 22-jährige **Thomas Miksch** nicht ganz legal über den Brocken hinweg. Der Bundesgrenzschützer war bei guter Thermik auf dem Rammelsberg in Goslar gestartet und auf etwa 1 800 Meter aufgestiegen. Da ihn ein kräftiger Wind in das Okertal abtrieb, wand er sein Fluggerät auf insgesamt 2 100 Meter hinauf, um nach einem günstigen Landeplatz Ausschau zu halten. Dabei überflog Miksch den Brocken und geriet in damaliges DDR-Gebiet, wo er schließlich im Wernigeröder Ortsteil Hasserode landete. Unbürokratisch gelangte der Abenteurer abends nach Goslar zurück.

Schlechte Sicht von nur 20 Metern wurde einem 38-jährigen Piloten am 14. April 2014 zum Verhängnis. Auf dem Flug von Rügen nach Reichelsheim (Hessen) rammte die Cessna 182 einen Mast der Wetterwarte, prallte 150 Meter weiter auf den Boden und brannte vollständig aus. Für den Piloten und seinen

Brockenüberflüge sind heute wieder häufig zu beobachten. Sie werden sogar als Bestandteil von *Rundflügen* angeboten. Auf dem Berg landen darf jedoch niemand mehr.

40-jährigen Passagier kam jede Hilfe zu spät. Die Bundesstelle für Fluguntersuchung in Braunschweig konstatierte in ihrem Bericht später, dass der Pilot unerfahren war sowie schlecht vorbereitet den Flug antrat und am Brocken schließlich viel zu tief geflogen war.

Den ersten muskelbestimmten sportlichen Rekord stellten wohl am 28. September 1878 zwei Engländer auf, die aus Ilsenburg kommend den Brocken als Erste mit ihren *Velocipeden* bezwangen. Für die sehr steil verlaufenden 13 Kilometer sollen sie nur zweieinhalb Stunden benötigt haben. Weniger als fünf Stunden brauchte ein junger Wernigeröder Ende September 1887, um einmal zum Brocken und zurück zu laufen.

Leichtathleten ist wohl vor allem der traditionelle *Brockenlauf* ein Begriff. Erstmals am 12. Juni 1927 trafen sich in Schierke Lauffreudige, um die 20 Kilometer lange Strecke zum Brockengipfel und zurück im fairen Wettkampf zu bewältigen. Die Aktion lief unter dem Titel „Nationaler Brockenlauf" und entwickelte sich zur festen Institution des Sportjahres. Die besten Läufer benötigten damals für die Strecke mit dem beachtlichen Höhenunterschied von 800 Metern etwas über eineinhalb Stunden.

Start des Brockenlaufes in Ilsenburg am 3. September 2005

Der Zweite Weltkrieg hatte 1939 auch diese Tradition beendet, die erst im Jahre 1954 Mitglieder der Betriebssportgemeinschaft (BSG) Stahl Ilsenburg wiederbelebten. Die anscheinend gut konditionierten Ilsenburger Sportsleute verlängerten ein Jahr später die Strecke um vier Kilometer. Im Höhenunterschied brachte das einhundert Meter zusätzlich. Aber lange sollte das Brocken-Läufer-Glück nicht währen, wofür der Berliner Mauerbau sorgte. Der 20. Brockenlauf fand 1960 statt, der 21. erst 1990.

1978 wurde der Harzgebirgslauf (HGL) aus der Taufe gehoben. Bis 1989 führte die längste Strecke über den Renneckenberg. Seit 1990 treffen sich im Oktober die Läufer in Wernigerode, um den **_Brockenmarathon_** als eine der insgesamt drei HGL-Strecken zu bewältigen. Dieser „härteste Marathon Deutschlands" fiel 1992 noch einmal aus, da die Nationalparkverwaltung die Brockenquerung untersagte. Erst das Urteil der 2. Kammer des Verwaltungsge-

richts Magdeburg bewirkte 1993 endlich die Freigabe der Brockenkuppe für den Marathon.

Mitte der 1930er Jahre avancierte der Oberharz zu einem **_Wintersportzentrum_**, was sich insbesondere in Braunlage und Schierke bemerkbar machte. Bereits 1927 hatte man im Eckerloch nahe Schierke eine **_Sprungschanze_** eröffnet und über Jahre hinweg bedeutende Wettkämpfe ausgetragen. Diese hölzerne Schanze galt wegen ihrer schattigen Lage als eine der schneesichersten in ganz Deutschland. Auch nach dem Krieg fanden hier Wettkämpfe wie beispielsweise die „Deutschen Skisprungmeisterschaften der DDR" statt. Die Sperrgebiet-Zeit hat das Bauwerk nicht überstanden. Nur ein trauriger Trümmerhaufen war übrig geblieben. Sprünge auf der Weihnachten 1933 eingeweihten Wurmbergschanze nahe Braunlage sind inzwischen auch nicht mehr möglich, da die Anlage inklusive Aussichtsturm wegen Baufälligkeit 2014 abgerissen werden musste.

Die **natürliche Bobbahn** in Schierke gibt es nicht mehr. Der Ort versuchte nach 1990 den Entwicklungsvorsprung Braunlages als Wintersportzentrum aufzuholen. Die Schierker brachten sich sogar kurzzeitig in die großen Medien mit der Ankündigung, sich um die Olympischen Winterspiele 2006 bewerben zu wollen. Doch das ehrgeizige Projekt „Schierke 2000" kam nicht voran. Ein Streit um die Nutzung von Flächen im damaligen Nationalpark Hochharz lähmte die Entwicklung.

Mit einem neuen Gesetz wurde 2001 die Fläche des Nationalparks um 2 000 Hektar erweitert und dafür unter anderem der Kleine Winterberg, den Schierke für seine wintersportlichen Pläne benötigt, herausgelöst. Im Winter 2004/05 legte sich Schierke zwei große Pistenspurfahrzeuge zu, mit denen bei genügend Schnee täglich 40 Kilometer **Loipen vom Wurmberg bis Drei Annen Hohne** gepflegt werden. Dazu gehört auch eine Hochleistungsloipe, die zusätzlich zum Skiskating präpariert wird.

Seit Ende 2008 können sich Skiläufer im neuen **Loipenhaus am Großen Winterberg** aufwärmen. Von hier hat man bequemen Zugang zum 2013 modernisierten und erweiterten Skigebiet am Wurmberg mit neuen Liften und einer Beschneiungsanlage, die Dank des künstlichen Speichersees auf dem Gipfel für mehr Schneesicherheit sorgt.

Die Schierker wollen bis 2019 nachziehen. Zwischen dem Großen Winterberg und ihrem Ort soll ein alpiner Skihang entstehen, ebenfalls mit künstlicher Beschneiung, einem See in Höhe der Mittelstation einer Großkabinenseilbahn sowie mit diversen Sommer-Freizeitangeboten. Ein geplanter Sessellift zum Kleinen Winterberg musste aus Gründen des Naturschutzes gestrichen werden. In der ersten Jahreshälfte 2017 spitzte sich die politische Auseinandersetzung um das Winterberg-Projekt dramatisch zu, mit der die Realisierung ins Wanken geriet. Nicht mehr zu stoppen ist die Erneuerung des Eisstadions in Schierke bis Ende 2017, im Winter kann man Schlittschuh laufen und im Sommer beispielsweise Tennis spielen.

Loipeneinstieg am Parkhaus in Schierke

Walpurgisfeiern

„Hussa-Hu!" – „Hussa-Hu!", nur dieser Gruß des Leibhaftigen gilt am 30. April in jener Nacht, wenn jeder herkömmliche Gruß verpönt ist. So verflucht alt, wie man angesichts dieses teuflischen Treibens vermuten mag, ist die Tradition der Walpurgisfeiern auf dem Brocken jedoch gar nicht.

1889 brachen die ersten „Gottlosen" in Harzburg und Ilsenburg auf, um den Hexensabbat auf dem Gipfel des Blocksbergs zünftig zu begehen. Offenbar schon damals von dem außergewöhnlichen Fest begeistert, traf man sich im Jahr darauf erneut. Ab 1892 fand die Walpurgisfeier öffentlich statt, veranstaltet vom Harzklub-Zweigverein Wernigerode. Da Brockenwirt Gustav Schwanecke solchen „Budenzauber" auf dem Gipfel vehement ablehnte, feierten die Wanderfreunde im Wald zwischen

Auf zum Hexenspektakel

Schierke und Elend, wo Goethe seine Faust'sche Walpurgisszene angesiedelt hatte.

Die erste Walpurgisfeier direkt im Brockenhotel fand auf Initiative des Harzburger Buchhändlers Rudolf Stolle am 30. April 1896 statt, die daraufhin jährlich mit wachsendem Erfolg wiederholt wurde. Ab 1901 setzte die Nordhausen-Wernigeröder Eisenbahngesellschaft jedes Jahr Sonderzüge zum Brocken ein. Damit erhöhte sich die Zahl der zechfreudigen Gäste auf etwa 500, für die aufwendige Tafeln bereitet wurden.

Vom Brockenhexenlikör angeheizte Wallfahrer hielten Festreden, rezitierten teuflische Gedichte – meist der eigenen lyrischen Feder zäh entflossen – und sangen alte Melodien mit neuen Texten. Von Jahr zu Jahr wurde die Stimmung auf dem Brocken ausschweifender und zügelloser, sodass nach dem völlig enthemmten „Teufelsspuk" 1904 die gräfliche Kammer in Wernigerode eine solche Feier für 1905 untersagte. Nur langsam kamen die Feiern – deutlich ruhiger und sittsamer – wieder in Gang, bis schließlich alles beim Alten war.

Unsere Ahnen amüsierten sich köstlich. Viele von ihnen bereiteten sich sogar gewissenhaft auf die Feier mit phantasiereichen und

Festlich geschmückter Walpurgiszug auf dem Weg nach Schierke (2017)

phantastischen Kostümen vor. Kurz vor Abfahrt des bunt geschmückten Sonderzuges am Wernigeröder Westerntorbahnhof sprang eine kesse Schar aufgebrachter Hexen und Teufel (maskiert, bemalt, geschminkt) auf Bahnsteig und Gleis herum und trieb so manchen Schabernack mit den Schaulustigen. Da die Eisenbahnfahrt ein Weilchen dauerte, hatten die meisten von ihnen genügend Proviant dabei – vermutlich mehr Schnaps als Schnitten.

Manch ein Zuschauer sprang auf den im Schneckentempo dahinkriechenden Zug auf. Vor allem hinter Schierke kam es oft vor, dass einzelne Brocken-Wanderer vom Sonderzug aufgelesen wurden. War im Brockenhotel die Stimmung richtig angeheizt, nahte meist die Geisterstunde, und die Kostümierten sprangen lüstern ins Freie, wo sie auf ihren Besen ausgelassen die tollkühnsten Tänze aufführten.

Nach der Öffnung der Grenze zwischen den ehemaligen beiden deutschen Staaten erinnerte man sich sofort an die alte Walpurgistradition. Am 30. April 1990 schnauften Sonderzüge aus Nordhausen und Wernigerode voll besetzt mit teilweise als Hexen und Teufel verkleideten Frauen und Männern nach Schierke. Hier war nicht nur für die alten Dampfrösser Endstation, sondern auch für die Walpurgisgäste, da die Feier aus Gründen des Umweltschutzes nicht auf dem Brockenplateau stattfinden sollte.

Die Walpurgisfeier in Schierke hat sich mittlerweile zum großen Spektakel entwickelt, zu dem jedes Jahr rund 15 000 Hobbyhexen und Freizeitteufel strömen.

Zu den größten Walpurgisschauplätzen im Harz gehört neben Schierke der *Hexentanzplatz bei Thale*. Auch in fast jedem anderen Harzort werden Feste und diverse Veranstaltungen angeboten. Auf dem Brocken gibt es nach wie vor keine Feier unter freiem Himmel.

Brocken-Benno

Weder Wind noch Wetter können ihn aufhalten. Wenn der Berg ruft, zieht der Wernigeröder Benno Schmidt die Wanderschuhe an und marschiert hinauf zum Brocken. Im Guinness-Buch steht es schwarz auf weiß: „Er bestieg vom 3. Dezember 1989 bis zum 18. März 1999 insgesamt 2 180 mal den mit 1 142 m höchsten Berg im Harz". Damit ist Benno Schmidt der „tüchtigste Brockenwanderer" im Rekordebuch, Ausgabe 2000.

„Brocken-Benno", wie er sich stolz nennen lässt, wanderte seit Öffnung der Brockenmauer 1989 fast jeden Tag meist von Schierke aus auf den Harzgipfel. Wanderfreunde weihten an seinem 80. Geburtstag unmittelbar neben dem Gedenkstein

Brocken-Benno auf dem Gipfel

zur Brockenmauer-Öffnung die Brocken-Benno-Bank ein. Mittlerweile ist Benno der einzige Achttausender im Harz: Am 3. Dezember 2016 erreichte er zum 8 000. Mal den Brockengipfel – 84-jährig!

Unten im Tal wird Benno Schmidt ob seines Wandereifers von manchem Zeitgenossen belächelt, jedoch schrieb ihm Reinhold Messner nach einer persönlichen Begegnung: „Sie sind auf dem richtigen Weg". Dabei gehe es Brocken-Benno nicht in erster Linie um die Rekorde. Vielmehr motivieren ihn die Naturerlebnisse, die Freude am Wandern, die Begegnung mit anderen Menschen und natürlich der gesundheitliche Effekt. Drei bis vier Stunden plane er täglich für die Brockenbesteigung ein. Jeder Aufstieg wird genau dokumentiert, mit Datum und Stempel des Brockenwirtes im Wanderpass.

Schon in der Vergangenheit gab es sportliche Brockenstürmer. Den Wander-Rekord hielt bis 1939 der Kaufmann Willi Beyer („Brocken-Willi") aus Wernigerode mit 650 Aufstiegen. Willi Fricke („Brockengeist"), Sparkassenangestellter in Wernigerode, feierte 1941 immerhin seine 500. Brockenbesteigung und der Schierker Postbote Riemenschneider soll zwischen 1932 und 1961 insgesamt 6 000 Mal dienstlich auf dem Gipfel gewesen sein.

Brocken-Benno will 2020 an seinem 88. Geburtstag 8 888 Mal den Berg bezwungen haben – ein gigantisches Rekord-Ziel!

Gipfel-Touren

Die wohl gesündeste und schönste Art, den Nationalpark und den Brocken zu erleben, ist das Wandern. Aus verschiedenen Richtungen führen reizvolle Wege hinauf zum Gipfel. Gut ausgerüstet, macht der Aufstieg sicher Spaß. Festes Schuhwerk, wetterfeste Kleidung und eine Jacke sollten grundsätzlich nicht fehlen. Auf dem Brocken ist es oft empfindlich kühler als im Tal und das Wetter kann schnell umschlagen. In den Rucksack gehört neben Proviant ein Erste-Hilfe-Päckchen. Empfehlenswert ist ein Wanderstock.

Von Wernigerode

Durch die Hölle gehen

Wernigerode – Steinerne Renne – Höllenstieg – Brocken – Glashüttenweg – Beerenstieg – Ottofelsen – Thumkuhlental – Bahnparallelweg

|⟶ 28,9 km ⛰ 986 m ⚲

Vom Wanderparkplatz Bielsteinchaussee gehen wir, entsprechend der Markierung △, über die Steinerne Renne (Gasthaus) und den Höllenstieg auf meist steilen, teils felsigen und wurzeligen Pfaden bis hinauf zum Glashüttenweg. Nun folgen wir dem Harzer Hexen-Stieg (ⓗ) auf breiten überwiegend geteerten Wegen hinauf zum Brocken.
Zurück steigen wir wieder auf dem Hexen-Stieg hinab und folgen diesem bis zum Trudenstein. Hier bietet sich eine schöne Aussicht. An der nächsten großen Kreuzung verlassen wir den Prädikatswanderweg nach links. Die Markierung ▣ bringt uns über den Beerenstieg bis zum Ottofelsen (Tipp: kurzer Abstecher, um den Felsen über Treppen zu besteigen). An der Bergwacht-Station vorbei, wandern wir auf der Forststraße durch das Thumkuhlental steil hinab. Vor der Eisenbahnbrücke biegen wir nach links auf den Geologischen Lehrpfad, auf dem wir den Ausgangspunkt erreichen.

Am Trudenstein

Von Schierke

Kurz und knackig

Schierke – Teufelsstieg – Brocken – Verbindung Brockenstraße – Alte Bobbahn – Neuer Weg

|⟼| 12 km ⟋▲ 488 m ♀⎯

Vom Parkhaus Schierke folgen wir dem Teufelsstieg (**1**) bis zum Brocken. Wir wandern also auf dem Exzellenzenweg oberhalb Schierkes, passieren die Jugendherberge und gelangen durch die Schluftwiesen zum eigentlichen Aufstieg durch das Eckerloch. Ab hier wird es steil und felsig, bis wir die Brockenstraße erreichen, auf der wir den letzten Kilometer zum Gipfel zurücklegen. **Tipp:** In den Sommermonaten befinden sich entlang des Weges Stationen für Kinder *(Märchenpfad „Das weiße Reh")*.

Vom Brocken abwärts gehen wir wieder auf der Brockenstraße, passieren allerdings die Abzweige Goetheweg und auch Eckerloch und biegen erst danach rechts in Richtung Schierke ab. Dieser Waldweg ist eine Abkürzung, die uns abermals auf die asphaltierte Brockenstraße führt. Wir verlassen diese dann nach links, um auf einem felsigen Stieg, der Alten Bobbahn, hinab zum Neuen Weg zu gelangen. Auf ihm geht es zur Jugendherberge in Schierke. Wir queren mit der Straße die Bode und folgen dem Exzellenzenweg zurück zum Parkhaus.

Auf dem Eckerlochstieg

Von Ilsenburg

Heinrich Heines Harzreise

Ilsetal – Bremer Hütte – Stempelsbuche – Hirtenstieg – Brocken – Skihütte – Zeterklippen – Stern – Plessenburg – Ilsestein

|↔| 28,5 km ⛰ 1160 m ♀

Vom Wanderparkplatz im Ilsetal folgen wir der Straße bis zum letzten Haus. Nun begleiten wir die Ilse auf Waldwegen, erst auf der linken, dann auf der rechten Seite, bis wir das Tal nach links verlassen und steil zur Bremer Hütte aufsteigen. Der Heinrich-Heine-Weg führt uns nach rechts weiter an der Stempelsbuche vorbei über die Herrmannsstraße zum finalen Aufstieg. Die letzten Kilometer über den Kolonnenweg haben es in sich. Bei guter Sicht lohnt der Blick zurück auf die Eckertalsperre und das nördliche Harzvorland. Am Kleinen Brocken bekommt man endlich den Gipfel zu Gesicht. Nun ist es nicht mehr weit.

Vom Brocken steigen wir über die Brockenstraße ab und biegen in der scharfen Rechtskurve nach links in Richtung Ilsenburg ab. Nach rund 700 Metern verlassen wir die Forststraße nach rechts in Richtung Zeterklippen. Ein schmaler Pfad zweigt

Ilsefälle

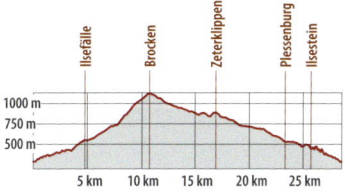

nach links vom Waldweg ab und führt uns durch teils sumpfiges, teils felsiges Gebiet. Wiederum nach links gelangen wir zu den Großen Zeterklippen mit famoser Aussicht zum Brocken. Wir gehen den Wanderweg weiter und biegen dann nach links zum Molkenhausstern. Hier geradeaus weiter (erst ■, dann ☒) gelangen wir schließlich zum Gasthaus Plessenburg. Über den Waldweg (☒) passieren wir die Paternosterklippen sowie den Ilsestein (Gasthaus mit eingeschränkten Öffnungszeiten) und steigen nach Ilsenburg ab. Die Straße im Ilsetal geleitet uns zurück zum Parkplatz.

Molkenhaus

Von Bad Harzburg

Die teuflisch schöne Tour

Bad Harzburg – Teufelsstieg – Ranger-station Scharfenstein – Brocken – Goe-theweg – Eckersprung – Skidenkmal – Pionierweg – Luisenbank – Kaiserweg – Gh Molkenhaus

⊢⊣ 29 km ⛰ 1050 m ♀ ___

Vom Parkplatz an der Seilbahn ge-hen wir über die Fußgängerbrücke am Märchenwald vorbei. Vor dem Baumwipfelpfad biegen wir rechts ab und folgen dem Teufelsstieg (🔲) über die Ettersklippen hinauf zum Gasthaus Molkenhaus. Wir queren eine Wiese und steigen hinab zur Ecker, der wir bis zum Talsperrenbe-trieb folgen. Der Teufelsstieg bringt uns mit einer kleinen Schlaufe und schließlich auf geteerter Straße zur Staumauer, die einst Ost- und West-deutschland trennte. Wir überque-ren die Mauer, wandern entlang des eindrucksvollen Stausees und ge-hen dann hinauf zur Rangerstation Scharfenstein (Imbiss). Nun wartet

der rund 3,5 Kilometer lange, sehr steile Aufstieg über den Kolonnen-weg hinauf zum Brockengipfel.

Vom Brocken wandern wir zunächst auf der Straße hinab, biegen hin-ter der Knochenbrecherkurve nach rechts auf den Goetheweg ein und folgen diesem bis zur Schutzhütte Eckersprung (🔄). Ein steiler und wurzeliger Pfad führt uns nach rechts ins Tal der Ecker. Wir wan-dern durch das steinige Flussbett. Nach einiger Zeit wird ein Weg er-kennbar. Diesen verlassen wir nach links und gelangen mit einer steilen Treppe zur Holzbrücke, die die Ecker quert. Dann folgen wir nach rechts dem Verlauf des Flusses linker Hand (🔲) bis zum Skidenkmal. Hier biegen wir rechts ab. Auf dem Pionierweg nach links geht es zurück zur Eckerstaumauer und auf der Versorgungsstraße zur Luisenbank. Nach rechts erreichen wir das Gasthaus Molkenhaus und folgen der Markierung ⊠ zurück nach Bad Harzburg.

Von Torfhaus
Inspiriert von Goethe

Goetheweg – Brocken – Hirtenstieg – Rangerstation Scharfenstein – Eckerstausee – Kaiserweg

|↤| 26,9 km ⛰ 718 m ⚲

Eckertalsperre

Wir begeben uns in Richtung der Torfhäuser Skihütten und treffen dort auf den Harzer Hexen-Stieg (🜨), der uns über den Goetheweg hinauf zum Brockengipfel leitet.
Über den Hirtenstieg steigen wir steil hinab bis zur Rangerstation Scharfenstein (Imbiss). Nach links gelangen wir zum Rundweg um den Eckerstausee. Entweder man entscheidet sich für die längere Variante nach links. (Empfehlung!) Hier muss mit etwas Mut auf großen Felsen die Ecker überquert werden. Dann geht es zum Teil auf Holzstegen durch sumpfiges Gelände und schließlich auf dem Pionierweg am Ufer entlang zur Staumauer. Oder

man wählt die kürzere und einfachere Variante nach rechts und genießt die grandiosen Aussichten über den Eckerstausee. Von der Staumauer führt uns die geteerte Versorgungsstraße bis zur Luisenbank. Hier biegen wir nach links ein. Auf dem Kaiserweg halten wir uns in Richtung Torfhaus – mal auf breiten Forstwegen, mal auf schmalen Pfaden oder gar auf felsigem, steinigem Grund. Am Ende führen mehrere Varianten zurück, zum Beispiel der Torfhaus-Rundwanderweg oder auf den Wegen mit der Markierung ⊠.

Von Braunlage
Auf Grenzpfaden

Parkplatz Hexenritt – Loipenhaus – Dreieckiger Pfahl – Brocken – Teufelsstieg – Wurmbergstieg – Kaffeehorst

|↤| 19,5 km ⛰ 692 m ⚲

Vom Großparkplatz Hexenritt folgen wir der Markierung 🔺 bis zur nächsten Kreuzung („Bratwurst"). Nach rechts führt der Wanderweg

1000 m
875 m
625 m

Brocken · Rangerstation · Eckerquerung · Luisenbank

5 km 10 km 15 km 20 km 25 km

recht steil Richtung Wurmberg hinauf. An der Kreuzung westlich des Loipenhauses suchen wir den etwas versteckten Einstieg (nicht beschildert) auf den Ulmer Weg. Der folgende mehr als ein Kilometer lange Abschnitt ist naturbelassen urig und nicht leicht zu gehen, bietet aber eine einmalige Aussicht auf das Brockenmassiv. Dann geht es weiter zum Dreieckigen Pfahl und ab hier auf dem Harzer Grenzweg ( ) hinauf zum Brocken.

Hinab gehen wir wieder auf der Brockenchaussee und dann auf dem Teufelsstieg ( ) durch das Eckerloch in Richtung Schierke. Weiter über die Schluftwiesen, biegen wir hinter der Brücke nach rechts auf die Sandbrinkstraße. Nach etwa 300 Metern wandern wir links auf dem Toten Weg weiter und biegen nach der großen steil ansteigenden Rechtskurve auf den links abzweigenden Weg ein. An einem kleinen Rastplatz führt rechts der Wurmbergstieg in den dichten Tann. Dieser Wurzelpfad bringt uns durch unberührte Natur sehr steil bergauf. An einer kleinen Lichtung treffen wir erneut auf den Harzer Grenzwegs ( ), der uns links hinab zum Rastplatz Kaffeehorst führt. Hier halten wir uns nach rechts und erreichen über eine kleine Brücke den Parkplatz Hexenritt.

Loipenhaus

Titelbild: Brockenkuppe mit Brockenhaus, Fernsehsender und Brockenherberge

Bibliografische Information Der Deutschen Nationalbibliothek
Die Deutsche Nationalbibliothek verzeichnet diese Publikation in der Deutschen Nationalbibliografie; detaillierte bibliografische Daten sind im Internet über http://dnb.ddb.de abrufbar.

Es fotografierten Thorsten und Maximilian Schmidt, Jürgen Korsch
Fotonachweis: S. 10 Harzbücherei; S. 11 Dr. Gunter Karste; S. 12 Nationalpark Harz; S. 19, 24, 45 Sammlung Kulturstiftung Sachsen-Anhalt; S. 25 Harzbücherei; S. 64 Klaus-Dieter Sögding; S. 69 Gerhard Eichler; S. 84 Frank Drechsler

Lektorat: Marion Schmidt

© 1992-2017 by Schmidt-Buch-Verlag
Die Winde 45; 38855 Wernigerode
Tel. (0 39 43) 2 32 46, Fax: (0 39 43) 4 50 10, info@schmidt-buch-verlag.de
8., veränderte und aktualisierte Auflage Juni 2017, 36. - 40. Tsd.
Layout und Bildbearbeitung: Schmidt-Buch-Verlag, Wernigerode
Druck und Verarbeitung: Grafisches Centrum Cuno GmbH & Co. KG

Internet: www.schmidt-buch-verlag.de

ISBN 978-3-945974-12-4

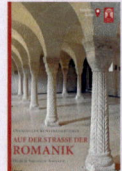

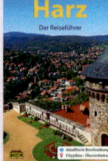

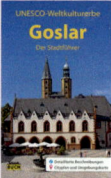
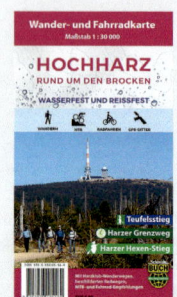